Studies of Elliott Wave Principle

あなたの
トレード判断能力を
大幅に鍛える

# エリオット波動研究

基礎からトレード戦略まで網羅したエリオット波動の教科書

著 一般社団法人
日本エリオット波動研究所

PanRolling

# プロローグ

——エリオット波動理論の潜在性の大きさ、そして、本書作成の経緯
について

小泉秀希

## 日本初の本格的なエリオット波動のテキスト

本書はエリオット波動に関する日本で初めての本格的なテキストだと言えると思います。エリオット波動を基本から正確にわかりやすく学べて、さらに、それをベースにしたトレード戦略までを理解することができます。

本書の作成にあたっては、まず先行者たちの著作物や論文を丁寧に読み解き、基本コンセプト・用語・記号をきちんと整理しました。

加えて、著者の数年にわたる観察・研究・実践から得た独自の知見も多く加えました。その結果、本書はエリオット波動理論についてかなりわかりやすく、しかもその本質を深く掘り下げてまとめられたと思いますし、きわめて実践的な内容になったと思います。

本書の著者は一般社団法人日本エリオット波動研究所（以下、日本エリオット波動研究所）です。日本エリオット波動研究所はエリオット波動研究者であり、同法人の代表理事である有川和幸さんが中心となり、エリオット波動の研究者・実践者が集まってその研究を深めるために設立された団体です。

この団体が設立されたのは2017年1月ですが、その1年以上前から有志が集まって研究会や勉強会を繰り返し、研究と議論を重ねてきました。その成果を盛り込みつつ本書をまとめました。

著書全体の構想、監修は有川さん、執筆・編集作業は株式ライターであり同法人の理事でもある私、小泉秀希が担いました。

　本書の内容の多くを有川さんに負うものであり、そうした意味で本書は実質的に有川さんが著者と言ってよいと思いますが、実際に執筆にあたったのは小泉ですから、表現上、至らない点があるとすれば私小泉が責任を負います。

　私自身、株式ライターとして実にさまざまな株式投資の本の作成にかかわってきましたが、中でも、本書は格別の意味を持つ本になったと思っています。本書をきっかけに、日本でもエリオット波動分析が本格的に普及することを、そして、日本人投資家のレベル向上に役立つことを願っています。


## エリオット波動理論の誕生・発展の経緯

　エリオット波動というのは、エリオット波動原理あるいはエリオット波動理論のことです。原理や理論を省略してエリオット波動というのが慣習化しています。

　エリオット波動原理は1930年代にアメリカ人のラルフ・ネルソン・エリオットが発見した株価変動の原理です。それを体系化したものがエリオット波動理論であり、後継者たちが肉付けして現在に至っているものです。

　エリオットは1871年に生まれました。主に会計士として鉄道会社の経営やレストラン経営という株式市場からは離れた分野で活躍していました。しかし、1927年、55歳のときに重い病気に倒れてから長期間の療養生活に入り、そのときに株式市場に興味を持ち始めて、その研究に没頭していったそうです。

　エリオットが株式相場の研究に没頭した1927年から1930年代にか

けての時期というのは、アメリカの景気と株価が歴史的なバブルと言われる"狂乱の20年代"のピークに向かい、その後、歴史的な株価大暴落や世界恐慌などが起きるという、史上まれに見るドラマティックな局面でありました。そうした中でエリオットは株式市場の研究にのめりこみ、株価変動のパターンを独自にいくつも見出してエリオット波動理論を打ち立てました。このときにエリオットが莫大な観察の中から見出した株価変動パターンこそ、エリオット波動理論の中核となる部分なのです。

　当時、まったく無名であったエリオットが打ち立てたエリオット波動理論の可能性を最初に見出したのは、その当時著名であった株式市場分析のニューズレターの発行人のチャールズ・J・コリンズでした。コリンズはエリオットと手紙でやり取りを続ける中で、相場の重要局面で発揮される判断能力などの点でエリオット波動理論の可能性を感じ、エリオットが手紙で述べてきた理論をまとめて1938年に『The Wave Principle』をエリオットの名前で出版しました。エリオット波動理論が世に出た瞬間です。エリオットはこの後にも金融専門誌で自分の理論について連載し、1946年には研究の集大成として『Nature's Law』を出版します。しかし、エリオット波動理論があまり日の目を見ないままエリオット自身は1948年に死去しました。

　その後、エリオット波動を研究する人は途絶えかけたのですが、1950年代に著名な市場アナリストで金融専門誌の発行人であったA・ハミルトン・ボルトンがエリオット波動に関する論文やエリオット波動による株価分析の記事などを発表するようになったことで、エリオット波動への注目度が高まるようになりました。
　ボルトンと親交のあったA・J・フロストはボルトンの影響を受けながらエリオット波動を研究し、ロバート・R・プレクター・

ジュニアとともに 1978 年に『Elliott Wave Principle: Key to Market Behavior』（邦訳『エリオット波動入門』）を出版しました。すると、これがエリオット波動理論のテキストの決定版と言われるようになり、その理論が金融業界全体にも広まっていきました。その結果、エリオット波動理論がテクニカル分析の主流のひとつと言われるようになり、現在では世界中で多くの投資家に愛用されるようになっていきました。

## 私たちのエリオット波動理論との出会い

　エリオット波動理論については、発祥地のアメリカでは本格的なテキストが何冊かありますし、その翻訳本もすでに何冊か出ています。日本人により書かれた解説や関連本などもいくつかあります。私たち著者もはじめはそうした翻訳本などでエリオット波動について興味を持ち、学び始めました。

　それなのに、どうして改めてこのようなエリオット波動に関するテキストを作成したかというと、それは、私たち自身がそれらのテキストや著作物によってエリオット波動の知識体系の習得をするのに相当に苦労したからです。

　現存の日本語のテキストや翻訳本は、元の理論や用語をあまりよく理解せずに不正確で不十分に記述されている箇所がしばしば見受けられます。まじめに勉強しようとすると混乱してしまうことが多々あります。そうした本では一番基本となる用語の定義が間違っていることもしばしばありますし、驚くべきことに原書のテキストとは真逆の説明がなされていることもあります。これではまじめに勉強しようとする人たちほど混乱して心折れてしまいます。

　既存の日本語のテキストで勉強して苦労した有川さんや私（小泉）

は、主なテキストの英語の原書を読み込むことにしました。まずは、もともとの理論体系を正確に理解する必要があるからです。

　さらに、日経平均やドル円相場など、実際の相場でそれがどのくらい有効性があるのかを確認する作業をしていきました。有川さんについてはそうした作業を5年近く朝から晩まで毎日続け、私（小泉）やそのほかの研究所メンバーはその作業に途中から加わりました。

　その他にも、有川さんに賛同して、エリオット波動をまじめに勉強・研究・実践したいという人たちが集まるようになりましたので、先ほど述べたようにその活動を組織化するために一般社団法人日本エリオット波動研究所を設立し、日々続けているところです。


　そうした観察・研究の結果、原書のテキストとはやや異なる独自の見解や新しい見解を得た面もあります。それらの独自の見解についても本書では盛り込んでいます。

　このように、本書はもともとの理論を正確に記述しつつ、それを日経平均やドル円相場に当てはめて観察・研究した結果得られた新しい見解も付け加えた独自のテキストであるということです。

　本書はそうした意味で、日本のエリオット波動研究者が、日本株やドル円などの事例を使い、日本人投資家・日本人トレーダーのために書いた初めての本格的なテキストといえると思います。

　エリオット波動理論を学びたいと思いながらなかなかその手段に巡り会えなかった方々にとって大いに役立てていただける本になると思っています。


## エリオット波動理論を学ぶ意義について

　エリオット波動理論の最大の魅力は、それが他の手法にないほど株

価変動を体系的にとらえるノウハウであるという点です。そして、その結果として、相場シナリオとトレード戦略を立てるための手段として比類なき有益性を備えている、という点です。そうした意味で、エリオット波動分析は「テクニカル分析の王様」と言えると思いますし、発祥地のアメリカではテクニカル分析の主流のひとつになっています。

　実際、エリオット波動分析を的確に使うことにより

・今波動のどの位置にいるのか（上昇波動や下落波動の序盤か中盤か
　終盤か）
・今後どちらの方向にいくのか（上昇か下落か）
・どの地点まで動くのか（上昇や下落の目標）

というような問題に対する判断能力が格段に高まります。

## 「正しく試行錯誤する」ことの大切さ

　ただし、ここでひとつ断っておかなければいけないことがあります。
　それは、「エリオット波動理論をマスターしたからといって、いつでも正確な相場予測ができるようになるわけではない」ということです。
　投資業界の常ですが、何かのノウハウを売り込もうとする人たちは、ついそのノウハウの予測能力やパフォーマンスの高さを大げさに宣伝しがちになります。
　しかし、「いつでも正確な相場予測が可能な分析法」も、「一度マスターすればすぐにサクサク儲かる投資法」もこの世の中に存在しない

と著者は思います。私自身20年以上株式投資の世界に携わっていますがそのような手法に出合ったことがありませんし、そのような手段を手にしている人も見たことがありません。お金を稼ぐためにそのような宣伝文句を使う人は多数いるようですが……。

投資やトレードにはさまざまな手法がありますし、さまざまな手法で成功している人たちがいます。

しかし、どんな手法で成功している人たちも、皆、その成功に見合うような努力をしています。これは紛れもない事実です。「何か特別な手法を見つけて楽にサクサクお金持ちになる」というのは幻想です。

仕事でもスポーツでも、成功するためにはまずは基本をしっかり学ぶ必要があります。しかし、それだけでは成功できません。しっかり学んだ基本を元にして実践と経験を積み重ねていく必要があります。基本を身につけることと、実践・経験を積むこと、この2つが重要です。

投資家・トレーダーとしては、まず「どんな基本を身につけるか」ということでその後の運命が決まってきます。良い基本がしっかり身につけられれば、その後実践と経験を積む中でどんどん実力がつきますし、実績が伴ってくると思います。そうした意味で、エリオット波動理論は投資家やトレーダーにとってとても有効な「基本」だと思います。

エリオット波動理論を学ぶことで得られるのは、相場シナリオの描き方であり、より確率の高いシナリオの探し方です。

エリオット波動理論によってこれまでの株価の動きを分析し、それに基づいた今後の株価の展開についてメインシナリオとサブシナリオを描くことができます。そして、メインシナリオに基づいたトレード戦略を立てることができます。

より確率高いメインシナリオの探り方、それに基づいたより効率よくリスク管理に優れたトレード戦略の探り方は、経験と実践を積む中で徐々に上達していきます。

　そのためにも、まずは本書でエリオット波動の基本をしっかり理解して習得してください。


　たとえて言えば、エリオット波動を学ぶことは地図の読み方を学ぶことと同じです。

　地図の読み方を学べば、目的地にたどり着くことは格段に早くなります。しかし、地図の読み方だけ学んでも冒険がうまくなるわけではありません。実際の冒険の中では地図通りにいかない場面もありますし、地図の読み方を迷う場面もあります。時には道を大きく引き返さなくてはいけないこともあります。このように、実際に目的地にたどりつくためにはある程度の試行錯誤と、それをやり抜く粘り強さも必要になります。しかし、そのような意思さえあれば、地図を手にして目的地にたどり着ける可能性はきわめて高いといえるでしょう。一方、どんなにやる気や体力があっても、きちんとした地図を持たずに目的地にたどり着くのはかなり困難でしょう。

　つまり、エリオット波動理論というのは、「正しい試行錯誤」、「生産的な試行錯誤」をするためのノウハウだと言っていいと思いますし、そういうノウハウこそが投資家・トレーダーにとって有益だと言えると思います。


### 本書作成の経緯と、エリオット波動研究家・有川和幸さんについて

　しかし、大変残念ながら、エリオット波動は日本ではほとんど浸透していません。先述の通り、エリオット波動を学ぶための有効な手段

が日本にはないからです。

　私（小泉）自身、何冊か日本語のテキストを読んで勉強を始めて、エリオット波動自体の可能性は感じましたが、理解できない部分が多くて本を何度も投げ出しました。

　あきらめきれなかった自分は、エリオット波動に関する本やＤＶＤを探してはそれを購入して勉強しましたし、エリオット波動に詳しいと言われるアナリストの方のセミナーに出席して勉強したりしもしました。しかし、なかなか決め手となる本や先生は見つかりませんでした。有効なノウハウであると思っているのに、その全貌がなかなかつかめない……。もどかしく、途方に暮れながら時間が過ぎていきました。

　そんなある日（2015年の秋）、ツイッターでやりとりするようになった投資家のひとりが、エリオット波動理論に基づく日経平均のカウント（波動を数え、分類し、波動全体の連なりや現在の位置を探る作業）を更新しているのを目にしました。それはとてもきれいなカウントで、「この人は相当なエリオティシャン（エリオット波動分析家）だ」と直感しました。それが、本書の実質的な著者である有川和幸さんです。

　エリオット波動に関する解説本や先生を懸命に探していた自分としては、そうしたカウントを見ればその人がどのくらいのエリオット波動の使い手であるかは直感できるところでした。それから私は有川さんにエリオット波動について教えを請おうと連絡を取り、その後、ツイッター、メール、面会などによってやり取りをしながら、さまざまなことを教わるようになりました。

　そのころ、日経平均はアベノミクスによる上昇相場が続いていると考えられているときでした。2015年8月に2万946円の高値つけた日経平均はその後、中国株の暴落や人民元切り下げによる“チャイ

ナショック"で1万6901円まで下落しました。しかし、その後、また上昇に転じて1万9000円台を回復して、多くの投資家がアベノミクスの再開を信じて疑わない状況でした。著名なストラテジストのレポートを見ていても弱気な人はほぼ皆無で、日経平均の目標値を2万2000円とか2万3000円とする強気な見方ばかりでした。

そんな中で有川さんは、エリオット波動分析によって、日経平均は8月の2万946円でいったん高値を付けて、1万9500円程度まで戻した後は1万4000円台まで下落するという予測をツイッター上で発言し続け、その分析のプロセスまで公開していました。

実際には、日経平均は2万12円まで上昇して、その後、翌年2月に1万4865円まで急落しました。

有川さん自身は1万9500円前後の水準から日経平均の売りポジションを積み上げ、そこから2万12円まで持ち上げられる過程では心理的にも苦痛を味わっていたようです。しかし、その後は鮮やかな暴落劇の中で利益を手にしました。


もちろん、うまくいった事例だけを取り上げてノウハウの有効性を強調するのはフェアではありません。有川さんのエリオット波動理論に基づくトレードがすべてうまくいっているわけではありません。想定が外れて損切りすることだって多々あります。

しかし、エリオット波動分析に習熟することによって想定が当たる確率は高まってくることは事実です。

また、それ以上に重要なのは、「失敗に気づいて損切りすること」、すなわちリスク管理も上達していきます。

予測能力を上げることとリスク管理がうまくなることはトレードを上達させるための両輪です。エリオット波動分析はその両方を高めるためにとても有効な手段です。

先述のように有川さんは5年以上にわたり毎日毎日、多いときには10時間以上も費やし、日経平均、ドル円、ＮＹダウ、金価格、原油価格、そのほかさまざまな指標について、日足や週足はもちろん、何十年にもわたる月足や、細かくは1分足に至るまで数多くのチャートでカウント作業をし続け、エリオット波動理論について研究し続けています。日本においては有力なテキストもなく、教えてくれる専門家もいない中、有川さんは未開の荒野をひとりで進み続ける旅人のようなものでした。しかし、そうした作業の中から生み出される波動のカウントを見せてもらうと、それは芸術的に美しく、そして、その予測能力の高さに驚かされるばかりでした。

　もちろん、先述の通り100％当たる予測などありませんが、予測能力を高めていくことは可能ですし、有川さんを間近で見ていて、「エリオット波動に習熟することが予測能力を高めるための有効な手段である」ということを私は感じましたし、私自身の体験からもそのことを確信しています。


## 大波乱の展開でもその乗り切り方を探し当てられる

　本書を作成中の2016年には、6月にブレグジット（イギリスの国民投票によるＥＵ離脱決定）による株価急落が起きたり、11月にはいわゆるトランプショック（米国大統領選挙でのトランプ氏の予想外の当選によるショック安）が起きたりするなど、まさに波乱の連続の年でした。しかし、そのような大波乱が起きても、エリオット波動理論を身につけていれば冷静に分析して対処することが可能になります。場合によっては大きな収益機会を得ることも可能です。実際に有川さんはそうした波乱の局面でも大きなリスクを避けながら収益機会を適宜的確にとらえていました。私自身もエリオット波動分析のおか

げでうまく対処できたと思います。

　こうした経験から「きちんとしたエリオット波動分析ほど高い予測能力と現実に対応できる柔軟性を持つ分析法はほかにないのではないか」と確信した私は、「きちんとしたエリオット波動分析を学びたい」と思い、有川さんからいろいろと教わり続けてきました。本書はそうした有川さんと私のやり取りをベースにしつつ、研究所のメンバーたちの研究成果も盛り込みながら作成しました。

　本書ではエリオット波動の研究や実践の基礎となる事柄を丁寧にまとめました。読者の皆様には、本書を繰り返し丁寧に読んでいただくことでエリオット波動理論という強力な武器を手に入れていただけるのではないかと思っています。

　なお、日本エリオット波動研究所のさらなる研究成果や最新の分析などについては公式ホームページで公開していきたいと思っています。

日本エリオット波動研究所公式ホームページ
http://jewri.org

13

## 参考図書について

本書はエリオット波動原理の基本的な知識体系については以下の本を参考にしました。

### ① 『The Wave Principle』（1938 年の論文）

著：R・N・エリオット

エリオット波動の発案者であるR・N・エリオット本人が、エリオット波動について最初に発表した論文。

### ② 『Nature' s Law（自然の法則)』

著：R・N・エリオット著

1946 年に書かれたエリオットの代表作。

※①と②についてはエリオットの著作集『R.N. Elliott's Masterworks: The Definitive Collection』に収録。

### ③『The Elliott Wave Principle － A Critical Appraisal』(邦訳『エリオット波動～ビジネス・サイクル』)

著：ハミルトン・ボルトン

エリオット波動の価値を見出し、広めたボルトンによるエリオット波動に関する著作集。

※『The Elliott Wave Principle － A Critical Appraisal』は、ボルトンの著作集『The Complete Elliott Wave Writings of A. Hamilton Bolton』に収録。

④『Elliott Wave Principle: Key to Market Behavior』（邦訳『エリオット波動入門』パンローリング刊）

　著：ロバート・R・プレクター、　A・J・フロスト著

　エリオット波動に関して現在もっと権威あり幅広く読まれているテキスト。エリオット波動研究の現代の基礎・基準となる本。

※アマゾンドットコムで検索すると2005年版が最新版のようですが、ハードカバー版とソフトカバー版があって、内容が少し異なっています。ハードカバー版のほうが最新の知見を反映して最新の内容になっているようですので、購入する場合には、2005年版のハードカバー版をお勧めします。

　なお、邦訳の『エリオット波動入門』は1998年版を翻訳したものであり、2005年版のハードカバー版とは内容がところどころ異なっています。

⑤『Visual Guide to Elliott Wave Trading　（Bloomberg Financial)』

　著：Wayne Gorman、Jeffrey Kennedy

　エリオット波動を使ったトレードの基本的な考え方の解説と実践例が紹介されている本。

　本書の中でこれらの本に言及するときに、は、次のように呼びたいと思います。

　①………「1938年論文」
　②………「自然の法則」
　③………「ボルトンの本」
　④………「プレクターの本」

15

これらの本の中で、現在世界のエリオティシャン（エリオット波動の研究者や愛好家）の間で最も基本的で権威あるテキストとして読まれているのが④のプレクターの本です。本書では、用語や記号の定義や使い方や各種波動の概念については、この④プレクターの本の原書の最新版の内容を丁寧に検討しながら説明して使用しています。

　先述のように、今の日本では、エリオット波動の用語や各種波動の概念については、一般の使用状況、翻訳本、専門家と言われる人たちのレポート、各種テキストでも明らかに誤用されているケースが目立ちます。基本的な用語の定義や波動の概念を誤用していては、有意義な議論や分析はできません。

　もちろん、プレクター本に書いてあることがすべて正しいわけではないでしょうが、まずは先人たちの理論や現在の標準的な理論をきちんと理解して、そのうえで自分なりの観察や考察によって反論したり新たな知見を加えたりしていくのが科学的、かつ、生産的な研究・分析につながります。これまでの研究や議論の積み重ねを無視して、なんの根拠もなく自分勝手な用語や概念の使用、分析を行っていては何の意味もないし発展性もありません。そうした意味でも、まずは先人たちの理論や概念を丁寧に理解することからはじめていくべきですし、以上で紹介した本はそうした意味でエリオット波動研究者たちの必読書といえるものばかりだと思われます。


## 本書で使用しているチャートについて

　本書で使用しているチャートは TradingView 社から提供していただいております。第4章と第6章のチャートについては、当研究所のホームページ（http://jewri.org）上に拡大版を公開しておりますので、そちらもご利用ください。

プロローグ ——————————————————————— 2

# 第 1 章

# 波動の基本構造
—— アクション波とリアクション波、波の階層、5つの基本波形（概要）

第1節　エリオット波動を学ぶ前提事項 ——————————— 24

第2節　エリオット波動の基本①　～5波動で推進し、3波動で修正する～　31

第3節　エリオット波動の基本②　～フラクタル構造～ —————— 34

第4節　エリオット波動の基本③　～5つの基本波形と3つの拡大型～ — 48

| コラム | 2章以降をスムーズに読み進めるためのQ&A | 56 |

# 第 2 章

# 5つの基本波形（詳細）
—— インパルス、ダイアゴナル、ジグザグ、フラット、トライアングル

第1節　エリオット波動の基本波形について　～推進波と修正波～ ——— 60

第2節　基本波形①　インパルス（衝撃波） ————————— 65

第3節　基本波形②　ダイアゴナル ————————————— 82

第4節　基本波形③　ジグザグ ——————————————— 93

| 第5節 | 基本波形④　フラット | 96 |
| 第6節 | 基本波形⑤　トライアングル | 102 |
| 第7節 | 複合修正波（コンビネーション） | 117 |

**巻末資料** 各波形の副次波の図解

# 第3章

# 8つの「ガイドライン」

| 第1節 | エリオット波動の主な8つのガイドライン | 136 |
| 第2節 | ガイドライン①　波の延長 | 138 |
| 第3節 | ガイドライン②　波の均等性 | 148 |
| 第4節 | ガイドライン③　オルタネーション | 151 |
| 第5節 | ガイドライン④　チャネリング | 154 |
| 第6節 | ガイドライン⑤　出来高 | 160 |
| 第7節 | ガイドライン⑥　比率関係 | 163 |
| 第8節 | ガイドライン⑦　修正波の深さ | 180 |
| 第9節 | ガイドライン⑧　波の個性 | 186 |

# 第4章

## エリオット波動のカウントの事例研究
—— 日経平均、ドル円、NYダウを分析する

第1節　カウントの手順 ———————————————— 196

第2節　戦後の日経平均の動きを見てみよう ———————— 201

第3節　バブル崩壊以降の日経平均をカウントする ———— 204

第4節　為替、商品、個別株のエリオット波動 ——————— 221

第5節　ドル円相場のエリオット波動 ———————————— 225

第6節　NYダウの長期のカウント ————————————— 229

# 第5章

## 問題形式で考える「シナリオ想定」の基本

第1節　上昇（1）波に続いて5－3－5の下落波が出現したら ———— 234

第2節　上昇（3）波に続いて5－3－5の下落波が出現したら ———— 246

第3節　上昇（5）波に続いて5－3－5の下落波が出現したら ———— 252

第4節　1－2－3波か、A－B－C波か ——————————————— 264

第5節　ダイアゴナルに続く波動を想定する ————————————— 272

| 第6節 | トライアングルに続く想定 ——————————— 278 |

第7節　さらに実践力を磨く2つのケーススタディ ——————— 280

第5章まとめ ————————————————————— 286

| コラム | 著者の本音のエリオット波動論<br>「基本5波形」というけれど……、圧倒的に大切なのはインパルス | 244 |

# 第6章

# エリオット波動によるトレード戦略

第1節　インパルスにおけるトレード戦略 ————————— 290

第2節　有効な投資戦略とリスク管理の考え方 ——————— 299

第3節　ダイアゴナルにおけるトレード戦略 ————————— 304

第4節　トレンド発生を示唆するインパルス ————————— 314

第5節　ジグザグにおけるトレード戦略 —————————— 317

第6節　フラットにおけるトレード戦略 —————————— 324

第7節　ダブルジグザグにおけるトレード戦略 ——————— 328

第8節　トライアングルのトレード戦略 —————————— 330

第9節　インパルスの利食いポイント ———————————— 338

第10節　日経平均によるトレード戦略の事例研究 —————————— 344

# 第7章

## エリオット波動の源流を探る
—— ダウ理論、フィボナッチ数列、景気サイクル

第1節　改めてエリオット波動を研究する意義について ———————— 356

第2節　エリオット波動の源流①　〜ダウ理論〜 ————————— 359

第3節　エリオット波動の源流②　〜フィボナッチ数列〜 ————— 366

第4節　エリオット波動の源流③　〜景気サイクル〜 ——————— 383

用語集 ————————————————————————— 387

あとがき ———————————————————————— 400

# 波動の基本構造

アクション波とリアクション波、波の階層、5つの基本波形(概要)

## 第1節
# エリオット波動を学ぶ前提事項

### 1）エリオット波動とは

　エリオットは莫大な相場観察の結果として、相場の値動きに繰り返し見られる基本パターンを5つ発見しました。

　これらのパターンは人間の集団心理を反映して繰り返し現れると思われるもので、数分という時間軸のチャートでも数年という時間軸のチャートでも同じように観察されるパターンです。

　そして、それは時代を超えて現代のさまざまな相場でも繰り返されています。

　株式市場をはじめ、さまざまな相場はこの基本パターンとそのバリエーション（変形）のパターンを繰り返しながら、小さい波から大きい波までさまざまな階層の波を形成していきます。

　エリオットの波動理論の有効性が時代を超えて現代のさまざまな相場でも生きているのは、エリオットが人間心理に根差した相場の基本的な性質や構造を見出したからだと思われます。

　そのエリオット波動理論の基本となる3つのコンセプトを本章では解説していきますが、その前にいくつかの前提となることを説明しておきたいと思います。

## 2)「波の大きさ」とは価格変動率の大きさ

　エリオット波動分析でまず大切なのは形（Mode）であり、波の大きさ（Size）や階層（Degree）です。

　形や階層については後ほど詳しく説明しますが、その前にエリオット波動理論における「波の大きさ」とは何かということについて、まずはハッキリさせておきたいと思います。

　例えば、株価が下図のように動いているとして、太線の部分の波の大きさとは、**①価格、③時間、②「価格＋時間」**のどのことでしょうか。

図1－1

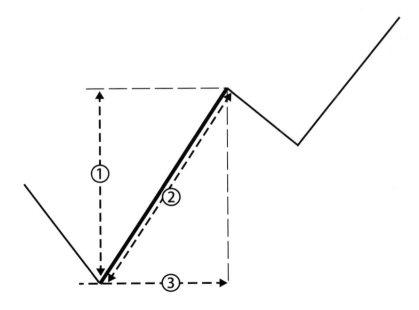

一般的には価格と時間の両方を含んだ②の長さを波の大きさととらえる人が多いと思います。

　しかし、エリオット波動理論において「波の大きさ」という場合には、価格変動の大きさである①のことを指します。さらに、エリオット波動における価格的な大きさとは、値幅の大きさではなく、変化率の大きさを指します。「1000円幅上昇して上昇率5％」より、「900円上昇して上昇率6％」のほうが「（波の大きさは）大きい」と考えます。


## 3）片対数目盛りのチャートを使う

　株価の変動幅ではなく変化率を重視するエリオット波動分析では、基本的に片対数（semilog）目盛りの株価チャートを使います。

　片対数目盛りの株価チャートとは、価格を示すチャートの縦軸が対数目盛りになっている株価チャートのことです。対数目盛りでは、変化率が長さとして表示されます。

　図1-2ではNYダウの長期月足チャートの通常目盛りチャートを上に、片対数目盛りのチャートを下に掲げました。

　A、Bと記号をつけた部分の値動きに注目してください。Aはおおよそ900ドルから2700ドルと約1800ドルの上昇、Bはおおよそ6000ドルから1万8000ドルと1万2000ドルの上昇であり、通常目盛りのチャートでは、Bのほうが大きな上昇として描かれています。

　しかし、変化率としてはどちらもおおよそ3倍です。片対数目盛りの株価チャートでは、同じ変化率は同じ長さで示されますので、図1-2の下のチャートではAとBの上昇が縦軸ではだいたい同じ長さで示されています。

　エリオット波動では、基本的には値動きを変化率で見るので、この両者の動きは同じ大きさの波動であったと考えるわけですが、そうした意味で片対数目盛りのチャートはエリオット波動分析に適した

図1−2　NYダウ（1984年〜2017年）

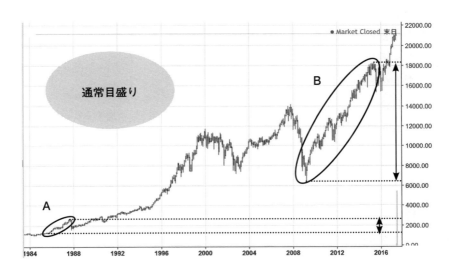

Copyright © TradingView, https://jp.tradingview.com
（画像提供：TradingView）

27

チャートだといえるわけです。

　なお、本書の株価チャートはウェブサイト「tradingview.com」のものを使っています。とても高機能で見やすく、著者はこのウェブサイトを愛用しています。この「tradingview.com」のチャートではチャート画面の右下にある「ログスケール」をクリックするとチャートが片対数目盛りになります。

※ tradingview.com のアドレス： https://jp.tradingview.com

## ４）エリオット波動にはローソク足チャートが適している

　株価チャートにはさまざまな種類があります。日本ではローソク足チャート、米国では終値を結んだだけのラインチャートが一般的です。特に、エリオットの時代は取引時間中の株価の記録が入手できなかったという事情もあり、エリオットの論文や著書の中のチャートはラインチャートになっています。

　しかし、さまざまな種類のチャートの中でエリオット波動分析に一番適しているのはローソク足チャートだと思います。

　ローソク足チャートの利点は、終値だけでなくて取引時間中につけた高値や安値までもヒゲという細い線で表現しているということです。それに対してラインチャートは次ページの図の破線のように終値を結ぶチャートであるために、ローソク足のヒゲに当たる高値・安値が表現されません。

「一時的につけた高値や安値は無視して大まかな動きを追うことが大切だ」という考え方もあるでしょう。確かに、何か思わぬ要因で一時的なブレとしてつけてしまう高値や安値もあり、そうした動きについては無視したほうがチャートをすっきり分析・解釈できることもあるかもしれません。

　しかし、基本的には、取引された価格にはすべて意味があると解釈

図1−3　ローソク足チャートとラインチャート

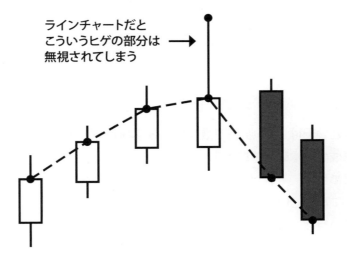

するのがエリオット波動理論の原則です。すべての高値・安値の値動きを把握して分析したうえで、「やはりこの高値は一時的なブレとして無視したほうがいい」というケースも例外的にはあります。しかし、基本的にはすべての高値・安値を踏まえて分析していくことがエリオット波動分析にとっては大切ですので、そうした意味ではローソク足チャートが適しているといえます。

## 5）エリオット波動の３つのコンセプト

　さて、おぜん立てがそろったところで本題に入ります。
　先述の通りエリオット波動理論は「３つの基本コンセプト」から成り立っています。

　ひとつ目は、「５波動で推進し、３波動で修正する」というのが波動形成の基本的なプロセスだということ。
　２つ目は、それが幾重にも重なってフラクタル構造（入れ子状の構造）になっているということ。
　３つ目は、波のパターンが５つの基本波形に集約でき、それらのバリエーションを含めた波形の組み合わせによってさまざまな波動が形成されるということ。

　次節以降、これらの基本について、ひとつずつ見ていきましょう。

30

<br>

## 第2節
# エリオット波動の基本①
## 〜5波動で推進し、3波動で修正する〜

### 1）株価の波動の基本形

　エリオット波動理論によると、株価の波動には基本形があります。それは、「5波動で推進し、3波動で修正する」（図1－4）というものです。

　推進するというのは文字通り進行することですし、修正するというのは波の進行が一時中断したり、逆戻りすることです。

　波の進行方向は上昇方向のこともあれば、下落方向のこともありますが、本書では特に断らない限り、基本的に波が上昇方向に進行するケースについて述べていきます。下落方向に進行するケースについては、その逆と考えてください。

### 2）波の表記法

　推進する波（今のケースでは上昇する波）を構成する5つの波については、出てくる順番に1波、2波、3波、4波、5波というように数字を使って名付けます。そして、2波と4波という2回の修正をはさむ形で、1波、3波、5波の3つの波で上昇していきます。

　そして、この5波で構成された大きなひとつの上昇波動を（1）波と名付けます（図1－5）。ここでは、「1波」という表記と「（1）波」

という表記が違うことに注意してください。

　ひとつの波を構成する小さい波を副次波（Subwave）と呼びます。（1）波の副次波は1波、2波、3波、4波、5波だということになります。

　（1）波全体が推進する波ですが、それを構成する5つの副次波のうち1波、3波、5波は推進する波、2波、4波は修正する波です。

## 3）アクション波とリアクション波

　エリオット波動理論では、一回り大きな波と同じ方向（メジャートレンド）の波をアクション波、その流れを中断し逆方向に揺れ戻す波をリアクション波と呼びます。

　今の話の中では1波、3波、5波がアクション波、2波、4波はリアクション波です。（1）波全体が上昇トレンドですから、それと同じ方向の波がアクション波、そのトレンドを中断する波がリアクション波です。

　下降波動を構成する副次波については、下落する波動がアクション波、上昇する波動がリアクション波、ということになります。

　（2）波は全体としてリアクション波です。（1）波による上昇に対して揺れ戻す動きだからです。リアクション波は基本的に3つの波動で構成され、A波、B波、C波というようにアルファベットで波を数えていきます。

　（2）波の副次波のA波は（2）波と同じ方向なのでアクション波、B波はその流れを中断する動きなのでリアクション波、C波は再び（2）波と同じ方向に進む波なのでアクション波ということになります。

　株価チャートに波動のカウントを書き込むときには、各波の終点のところに単に1、2、3、4、5、A、B、Cなどと数字やアルファ

ベットだけ書き込んでいくのが通例になっています（図1－5）。

また、推進波、修正波という用語もありますが、これらはアクション波、リアクション波とはやや異なる定義になります。詳細は40ページで述べます。

図1－4　波の基本形は「5波動で推進、3波動で修正」

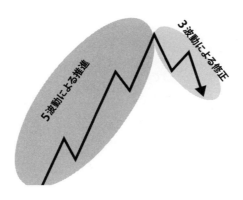

図1－5

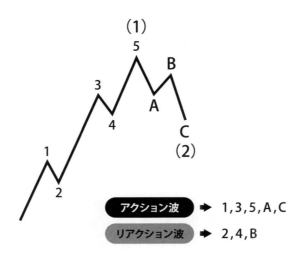

## 第3節
# エリオット波動の基本②
### 〜フラクタル構造〜

### 1）フラクタル構造とは

　「エリオット波動の基本①」では、5波動でひとつの「アクション波（1）」を形成し、次の3波動でひとつの「リアクション波（2）」を形成する、という基本パターンについて述べました。

　基本パターンでは、それに続いて同じように1、2、3、4、5の波で構成される5波動で「アクション波（3）」、3波動で「リアクション波（4）」、5波動で「アクション波（5）」と連なり、これで（1）－（2）－（3）－（4）－（5）という5波動からなる「より大きなアクション波①」が形成される、という形になります（図1－6）。

　そして、①波に続いて、（A）、（B）、（C）という3つの波によって②波が形成されます（図1－7）。

　さらには、「①、②に続いて、③、④、⑤という波動が続き……」というように、どこまでもこうした構造が続きます。

　小さな波からどんどん大きな波が構成されていく様子を述べましたが、逆に、どんどん小さい波、つまり副次波に分解していくこともできます。

　このように、「株価の動きはフラクタル構造、つまり入れ子状の構造になっている」というのがエリオット波動の基本的な考え方です。

　フラクタル構造というのは難しい言葉ですが、「全体と部分が同じ形

図1−6

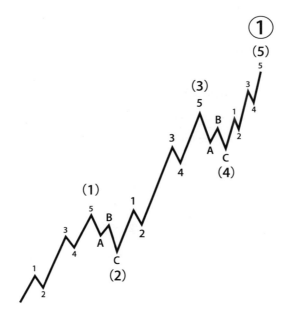

図1−7

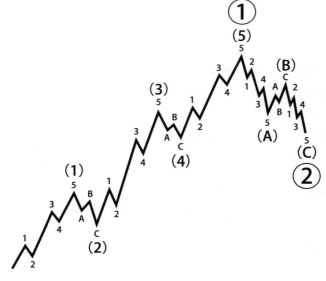

をしている構造」という意味です。実際に、分足チャート、時間足チャート、日足チャート、週足チャート、月足チャートなど、どんなスケールの株価チャートを見ても、同様のパターンが観察できます。このことは、どんな時間軸で見た株価の値動きでも、まったく同じように分析できるということを意味します。

　例えば、基本①で述べた「5波動で推進し、3波動で修正する」というパターンは、どんなスケールのチャートでも繰り返し観察されます。

　波動の記号としては、1、2、3、4、5、A、B、Cという記号を付けた波動より一回り大きな波動は、それぞれカッコをつけて（1）、（2）、（3）、（4）、（5）、（A）、（B）、（C）、さらにそれより一回り大きな波頭は数字に○をつけて、①、②、③、④、⑤、Ⓐ、Ⓑ、Ⓒと表記するのがエリオット波動の一般的な表記のルールです（図1－8）。43ページの図1－11「波の階層一覧表」もご参照ください。

　例えば、図1－8でアの矢印が指している波動は、①の副次波の（3）の副次波の3であり、それを①の（3）の3あるいは①－（3）－3というように表現します。

　同じように、イの矢印で示している波動は「③－（5）－3」、ウの矢印で示している波動は「④－（A）－3」ということになります。

　同じ3波でも、どの階層に位置する3波なのかがわかります。つまり、①－（3）の中の3なのか、③－（5）の中の3なのか、④－（A）の中の3なのかが、表現上区別できることになります。

---

**（練習問題）**
ア、イ、ウの波動の表記にならって、エ、オについても表記してみましょう（解答は下の欄外）。

---

解答：エは「⑤－(3)－2」、　オは「Ⓑ－(c)－1」

図1-8

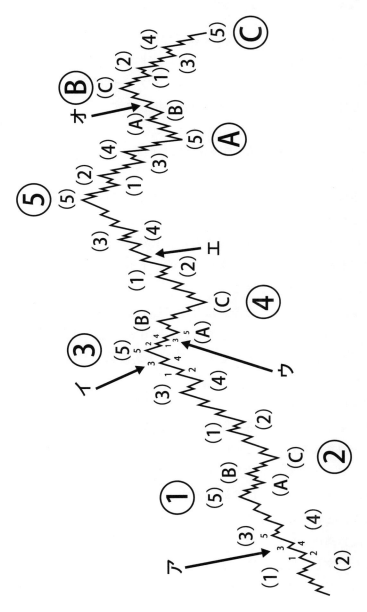

## 2）改めて、アクション波とリアクション波について

アクション波とリアクション波については32ページで説明したように、アクション波とはメジャートレンドの方向（一回り大きな波動と同じ方向）に向かう波動のこと、リアクション波とはメジャートレンドとは逆方向に向かう波動のことを指します。

ここで、この2種類の波の区分けについて少し練習してみましょう。

例えば、図1－9で、カで示した波動とキで示した波動はアクション波とリアクション波のどちらでしょうか。

どちらも、それらより一回り大きな上昇波動の副次波ですから、その中で上昇しているカはアクション波、下落しているキはリアクション波、ということになります。

では、ク、ケで示した波動はどうでしょうか。

ク、ケの波動を副次波として含む一回り大きな波動は下落波動ですから、上昇波動のクはリアクション波、下落波動のケはアクション波、ということになります。

「上向きの波動がアクション波で、下向きの波動がリアクション波」ではなくて、あくまでも一回り大きな波動と同じ向きならアクション波、一回り大きな波動と逆向きならリアクション波となります。

そして、アクション波とリアクション波に関するもうひとつ重要な特徴は、アクション波は5波動構成、リアクション波は基本的に3波動構成、ということです。

5波動構成というのは、5つの副次波によって構成されているということですし、3波動構成というのは3つの副次波によって構成されている、ということです。

図1－9

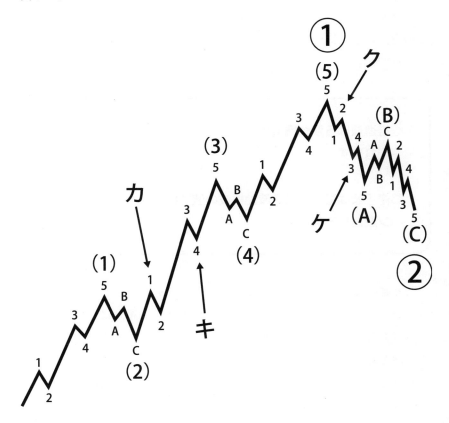

### ３）推進波と修正波

　波の区分けにはアクション波、リアクション波の他にも、推進波
（Motive Wave）、修正波（Corrective Wave）という区分けの仕方が
あり、こちらのほうがよく使われています。

　アクション波、リアクション波は一回り大きな波に対する相対的な
波の方向による区分けですが、推進波、修正波というのは波形による
区分けです。

> ◎推進波は５波動構成の波であり、アクション波としてだけ
> 　現れます
>
> ◎修正波は基本的に３波動構成の波であり、主にリアクショ
> 　ン波として現れます

　こう述べると、アクション波＝推進波、リアクション波＝修正波で
はないか、という風に思われるかもしれません。確かに、アクション
波はほとんど推進波となりますし、リアクション波についてはすべて
修正波となります。しかし、厳密にはアクション波と推進波は同じで
はありませんし、リアクション波と修正波も同じではありません。

　アクション波、リアクション波はあくまでも一回り大きな波に
対する波の方向によって定義される区分です。プレクターの本
（『ELLIOTT WAVE PRINCIPLE』、詳細は 15 ページ）ではアクショ
ン波、リアクション波というのは「波の機能（Wave Function）」を
指す用語だと説明しています。一回り大きなトレンドに対して、それ

を推し進める機能の波がアクション波、修正する機能の波がリアクション波、ということになります。

それに対して推進波、修正波というのは、あくまでも波の形（Wave Mode）による区分です。

実際に、アクション波の一部は修正波の波形となることもあります。「修正波の波形のアクション波」というのが存在するのです（これは結構ややこしい話で98ページで詳しく述べます）。

※この点については、テクニカル分析の専門書やテクニカル分析の専門家のレポートなどを読んでいても、推進波とアクション波とインパルスを混同して誤用しているケースがかなり多いです。しかし、これらの概念はエリオット波動の中核的な概念のひとつですし、エリオット波動の分析や議論をするうえでとても重要なものですから、ここでしっかり整理して理解していただく必要があります。

また、構成する波動の数についても注意点があります。

推進波は5波動構成。修正波は基本的に3波動構成ということなのですが、これはあくまでも基本であって、実際にはその変形が存在します。

例えば、54ページで説明するトライアングルという波形は5波動ですが修正波に分類されます。推進波の場合にはあたかも9波動に見えるケースも多数観察されます。ただし、推進波の場合は、9波動に見えるケースでもあくまでも5波動と考えます。この件については138ページで説明します。

このように、詳細に説明し始めると複雑な事柄が出てきてしまうの

41

ですが、ここではとりあえず、アクション波は5波動構成の推進波の波形になり、リアクション波は3波動構成の修正波の波形になるのが基本だ、ということだけ理解しておいてください（図1－10）。さらなる詳細は徐々に明らかにしていきます。


## 4）波の階層（Degree）と表記法

エリオット波動分析を難しくしている原因のひとつは、株価波動にさまざまな階層（Degree）があってフラクタル構造になっているという点です。

図1－5の例では、1波、2波、3波、4波、5波は同じ階層の波ですし、この5つの波で構成された（1）波はそれらよりひとつ上の階層の波です。

このような複雑な波動の構造を解き明かすためには、波動の階層をきちんと区別して認識していく必要があります。その際に便利なのが波の階層ごとの名前やカウント記号です。エリオット波動は波の階層ごとに図1－11のような呼び方と記号を使用するのが一般的です。表の上が大きな波、下に行くほど小さな波を示します。

ただし、実際の波動をどの階層の波動とするのかは明確に決まっているわけではありません。エリオット自身やその理論を発展させた後継者の人たちも、波動の各階層の大きさの目安を明確に示していません。まずは波動を分析するときに階層をしっかり分けていくことが重要で、そのために階層の記号を活用するということが大切なことなのです。この波の階層一覧表に従って、44ページの図1－12のように波を分類して記号を付けていくことをラベリング、あるいはカウントと言います。

図1-10　方向と形による波の分類

| 波の方向による分類 | 波の形による分類 |
|---|---|
| ・**アクション波**<br>　➡ 1回り大きな波と同じ方向<br><br>・**リアクション波**<br>　➡ 1回り大きな波と反対の方向 | ・**推進波**　　インパルス<br>　➡ 5波動　　ダイアゴナル<br><br>・**修正波**　　ジグザグ<br>　➡ 3波動　　フラット<br>　　　　　　　トライアングル<br>※トライアングルは5波動 |

図1-11　波の階層一覧表

| 波の階層 | 期間的目安 | 推進波 | | | | | 修正波 | | |
|---|---|---|---|---|---|---|---|---|---|
| スーパーミレニアム | | ① | ② | ③ | ④ | ⑤ | Ⓐ | Ⓑ | Ⓒ |
| ミレニアム | | (1) | (2) | (3) | (4) | (5) | (A) | (B) | (C) |
| サブミレニアム | | 1 | 2 | 3 | 4 | 5 | A | B | C |
| グランドスーパーサイクル | 2〜3百年 | Ⓘ | Ⓘ | Ⓘ | Ⓘ | Ⓥ | ⓐ | ⓑ | ⓒ |
| スーパーサイクル | 数十年 | (Ⅰ) | (Ⅱ) | (Ⅲ) | (Ⅳ) | (Ⅴ) | (a) | (b) | (c) |
| サイクル | 数年〜20年 | Ⅰ | Ⅱ | Ⅲ | Ⅳ | Ⅴ | a | b | c |
| プライマリー | 2〜5年 | ① | ② | ③ | ④ | ⑤ | Ⓐ | Ⓑ | Ⓒ |
| インターミーディエット | 数か月 | (1) | (2) | (3) | (4) | (5) | (A) | (B) | (C) |
| マイナー | | 1 | 2 | 3 | 4 | 5 | A | B | C |
| マイニュート | | ⓘ | ⓘ | ⓘ | ⓘ | ⓥ | ⓐ | ⓑ | ⓒ |
| ミニュエット | | (i) | (ii) | (iii) | (iv) | (v) | (a) | (b) | (c) |
| サブミニュエット | | i | ii | iii | iv | v | a | b | c |
| マイクロ | | ① | ② | ③ | ④ | ⑤ | Ⓐ | Ⓑ | Ⓒ |
| サブマイクロ | | (1) | (2) | (3) | (4) | (5) | (A) | (B) | (C) |
| ミニスキュール | 分単位 | 1 | 2 | 3 | 4 | 5 | A | B | C |

※1：**期間的な目安はあくまでも「目安」であり、絶対的なものではありません。**

※2：マイニュートは minute という綴りのため「ミニット」と訳している本もあります。しかし、この場合の minute は形容詞で「微小な」という意味で「マイニュート」と発音するのが正解です。

図1-12 カウント（ラベリング）の例

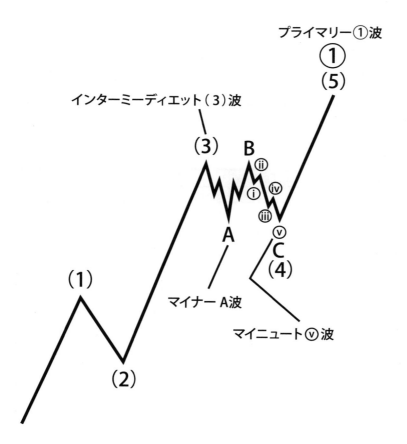

44

## ５）エリオット自身が最初に公表したカウント

エリオット自身は 1857 年から 1928 年までのアメリカの株価指数の波動について図 1 - 13 のように分析しました。

エリオティシャン（エリオット波動分析者）の間では、これが波の階層の基準として意識されています。つまり、このエリオットのカウントに続いてアメリカの株価指標をカウントしていって、現在はどの階層のどの位置にいるのかということを考えていくのが一般的です。

この事例では、サイクル波は期間的に 4 年〜 33 年、スーパーサイクル波は 72 年ということになっています。

サイクル波の V 波は期間が 33 年と格段に長くて、ほかの期間はおおむね 10 年前後となっています。この事例を見る限りでは、サイクルの期間的なメドは少なくとも数年程度、長い場合には 30 年以上に及び、一般的には 10 年前後ではないかと思われます。

また、スーパーサイクル波は一般的には 50 年前後か、それを超えるような期間にわたるものと思われます。

しかし、これはあくまでも目安です。この目安よりもかなり短いサイクル波やスーパーサイクル波、逆にかなり長いサイクル波やスーパーサイクル波が起こる可能性もあります。

米国株の歴史的な暴落として知られる 1929 年から 1932 年までの下落はたった 3 年ですが、その 3 年間の下落波動は一般的にスーパーサイクル級と言われています。

このように、同じ階層の波でも期間的にはかなり幅がありますので、期間的な目安はあくまでも目安であり、実際にはかなりばらつきがあるのだという点には留意しておきましょう。

45

図1－13　エリオットによる最初の波動分析の期間

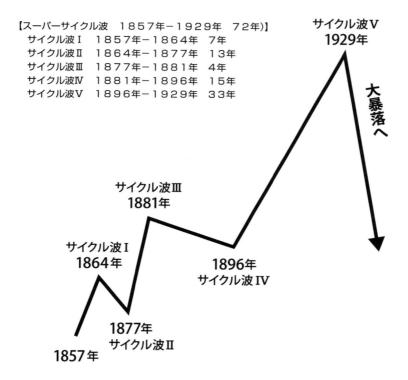

19世紀にはNYダウが算出されておらず、エリオットは当時一般的だったAxe Houghton Indexを対象に分析。エリオット自身は最初、上図でサイクル波としている波をスーパーサイクル波、スーパーサイクル波としている波をグランドスーパーサイクル波としていたが、今では上図のようにそれより波の階層を１段下げてカウントするのが一般的になっている。また、サイクル波Ⅴの終点をエリオットは1928年としていたが、現在では1929年を終点とするのが一般的

余談ですが、1978年にプレクターの本、つまり、A.J.Frostと
Robert R.Precter,Jrの共著『ELLIOTT WAVE PRINCIPLE』［邦題『エ
リオット波動入門』（パンローリング）］の初版が出たときには波の階
層としては、小さい波についてはサブミニュエットまでの用語しか本
の表に記載されていませんでした。このころはＮＹダウの１時間ごと
の値動きがようやく公表されるようになり、１時間ごとの値動き分析
ができるようになりました。プレクターの見解では、おそらく、サブ
ミニュエットまで想定すれば１時間足によるカウントが可能だという
ことだったのだろうと思います。

　しかし、2017年現在、入手できるプレクターの本（『ELLIOTT
WAVE PRINCIPLE』）の最新版にはサブミニュエットよりさらに３
階層小さな波を表すミニスキュールという用語まで登場しています。
現在では、数秒ごとに株価指数が公表されて、１分足チャートの表示
もできるようになっています。そして、１分足チャートまで細かく波
動分析していくとミニスキュールまで必要になる、というのがプレク
ターの見解なのだろうと解釈することができると思います。

　もちろん、サブミニュエット＝１時間足で確認できる波動とか、ミ
ニスキュール＝１分足チャートで確認できる波というように決めつけ
ることはできませんが、波の階層の期間的なメドを考えるときのひと
つの参考になる話だと思います。

※このアメリカの株価の事例からもわかるように、波の各階層の時間
的な長さは本当にバラバラであり、「この階層の期間的メドはこのくら
い」と一概に言うのは困難です。図１－11に記した各階層の期間的
目安もあくまでも目安に過ぎず、そこで示している期間から大きく外
れるケースもあるということを改めて強調しておきたいと思います。

## 第4節
# エリオット波動の基本③
## 〜5つの基本波形と3つの拡大型〜

### 1）基本波形とは

　エリオット波動理論によれば、「相場の波動は基本的には5波動構成の推進波と3波動構成の修正波が交互に織りなす形で形成されている」ということです。

　推進波、修正波というのはここまで図示してきたような形だけでなくて、いくつかのバリエーションがあります。

　推進波はインパルス、ダイアゴナル、修正波はジグザグ、フラット、トライアングルというパターンの波形があり、それらが基本波形といえます。

　さらに、ダイアゴナル、フラット、トライアングルの3つにはそれぞれ拡大型という派生形があります。より厳密にいうとさらに別のバリエーションもありますが、ごくおおざっぱにいうと基本的な5波形、さらに3つの拡大型を含めて8波形がエリオット波動の基本的な波形と言ってもいいでしょう。

　エリオット波動理論の大切なポイントのひとつは、株価のさまざまな動きをこの5つの波形（拡大型を入れると8つの波形）に集約することができて、どんな波動もこれら5つ（あるいは8つ）の組み合わせとして捉えることができる、という点です。これはエリオットの重要な発見のひとつといえます。

48

各波形については第2章で詳しく述べますが、ここで各波形についてだいたいどんなものかザッと概観しておきましょう。
　また、修正波のひとつの種類として、いくつかの波形が合成したような複合修正波という波形もあります。これについても以下で概要を紹介しておきます。

図1-14　基本波形の組み合わせの典型例

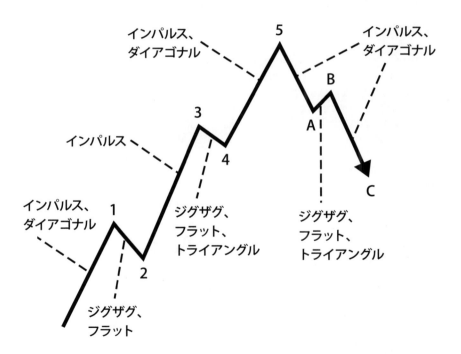

## ２）推進波の種類

推進波には以下の２つの種類があります。

◆インパルス（衝撃波）
５−３−５−３−５の５波動構成（※）です。以下の条件をすべて満たす波動です。

①２波は１波の始点を割り込まない
②１波、３波、５波の中で３波が一番小さくなることはない
③４波は１波と重ならない

> ※「５−３−５−３−５」とは、この中の「５」が推進波、「３」が修正波を示し、推進波−修正波−推進波−修正波−推進波という構成の波であることを示しています。推進波は５波動構成なので「５」、修正波は基本的に３波動構成なので「３」と示しています。「３」には５波動構成の修正波であるトライアングルも含まれます。

図１−15　インパルス

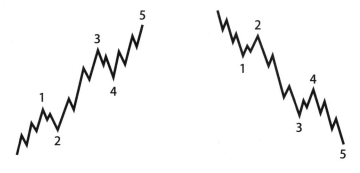

※インパルスは、日本語で「衝撃波」と訳されることが多いですが、ほかの波形は日本語訳されて使われていないのにインパルスだけ日本語訳されて使われているのは不自然なので、本書では「インパルス」と表記しています

◆ダイアゴナル

3－3－3－3－3ないし5－3－5－3－5という5波動構成で、振幅が徐々に小さくなりながら上下のどちらかに突き出すエッジ型と呼ばれる波。

通常は4波が1波の範囲に食い込んでおり、この点がインパルスとの大きな違いです。

また、しばしば振幅が大きくなる拡大型ダイアゴナル（エクスパンディングダイアゴナル）も出現します。

ダイアゴナルは1波やA波など最初の波か、5波やC波など最後の波として出現します。インパルスの真ん中の波である3波としては出現しません。

図1－16　ダイアゴナル

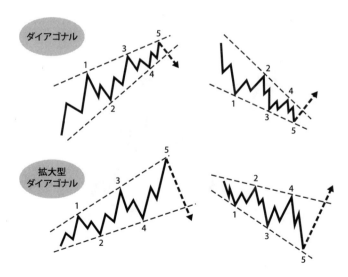

※ダイアゴナルはもともとダイアゴナルトライアングルと呼ばれ、エリオット自身はトライアングルの一種として分類していました。現在、ダイアゴナルは推進波の一種と考えられており、トライアングルの一種とは考えられていません。呼び方もトライアングルをはずして単にダイアゴナルと呼ぶのが慣例になっています。本書でも最近の慣例にならって単純にダイアゴナルと呼びます

## 3）修正波

修正波には、ジグザグとフラット、トライアングルという3つの基本形と、それらを組み合わせた複合修正波があります。

◆ジグザグ

5－3－5の3波動構成の修正波です。

下落方向のジグザグなら、A波で下落し、B波で反発するものの、A波の下落分を回復できず、C波ではA波の終点を割り込む、という形になります。

図1－17　ジグザグ（下落方向）

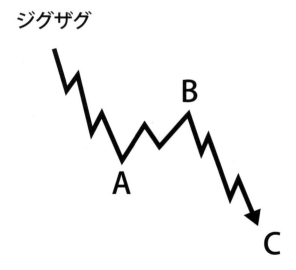

※上昇方向の修正波形はこれらの逆の向きの波形に

◆フラット

　3-3-5の3波動構成の修正波です。

　下落方向のフラットの場合、A波で下落した後、B波では基本的にA波の始点付近まで戻ります。これがフラットの特徴です。そして、最後のC波は「A波終点を少し超える程度で終わる」という形が基本形と言われています。しかし、実際にはC波がA波の終点を大きく超えていくものも多く観察されています。

　B波がA波の始点まで戻すどころか、A波の始点を超えてしまうこともあります。この場合には、C波は大きく下落してA波の終点を大きく超えるところまで進むことが想定されます。結果的に波が徐々に拡大する形になります。これがフラットの拡大型であり、拡大型フラットあるいはエクスパンデッドフラットと呼ばれます。

図1-18　フラット（下落方向）

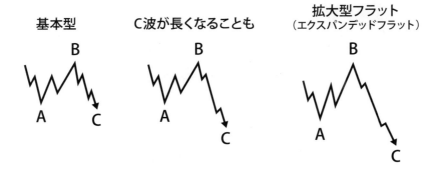

※上昇方向の修正波形はこれらの逆の向きの波形に

※同じ拡大型でも、ダイアゴナルとトライアングルの場合はエクスパンディング（拡大しつつある）、フラットについてはエクスパンデッド（拡大された）という呼び方をプレクターはしていますが、その理由については不明です

◆トライアングル

　３－３－３－３－３の５波動構成の修正波です。

　修正波が５つ横に連なり、振幅が徐々に小さくなっていくパターンです。トライアングルは４波やB波として出現することが多く、２波として出現することはほとんどありません。

　さらに、値動きが徐々に拡大していく拡大型も時々出現します。これを拡大型トライアングルあるいはエクスパンディングトライアングルといいます。

**図１－19　上昇波に対する修正波として出現するトライアングル**

トライアングル

拡大型トライアングル
（エクスパンディングトライアングル）

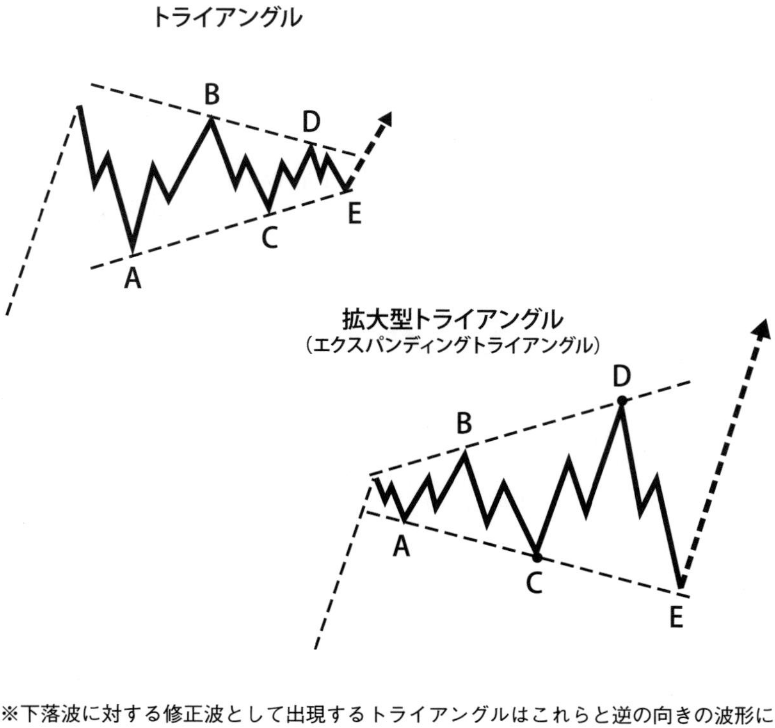

※下落波に対する修正波として出現するトライアングルはこれらと逆の向きの波形に

◆複合修正波

　複合修正波は、ジグザグ、フラット、トライアングルなどの修正波がX波というつなぎの波を介して2つか3つ連なった修正波です。

　X波を介して修正波が横に2つ連なったものをダブルスリー、3つ連なったものをトリプルスリーといいます（図1－20）。

　X波を介して連結する修正波のうち最初のものをW波、2つ目をY波、3つ目をZ波と呼びます。

　X波も修正波であり、基本的にはジグザグですが、その他あらゆる修正波になる可能性があります。

　図1－20の左図はダブルスリーの一例ですが、この図からもわかるように、「ダブルスリーはX波を含めて修正波が3つ横に連なった波形」ともいえます。同様に、「トリプルスリーは2つのX波を含めて修正波が5つ横に連なった波形」ともいえます。

　また、複合修正波には、ジグザグがX波を介して2つ連なるダブルジグザグ、ジグザグが2つのX波を介して3つ連なるトリプルジグザグという形もあります。ダブルジグザグ、トリプルジグザグは、横向きでなくて斜め方向に動いてY波やZ波で価格の修正を進める形になります（図1－20の右）。

図1－20　ダブルスリー＆ダブルジグザグの例

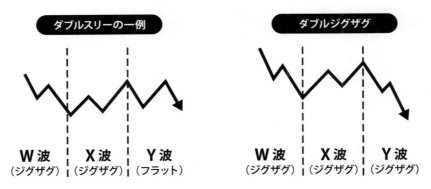

## ２章以降をスムーズに読み進めるためのＱ＆Ａ

　エリオット波動の初心者の方がよく疑問に思う点、わかりにくいと思われる２つの事柄をＱ＆Ａ形式で説明します。第２章以降をスムーズに読み進めるためにぜひご参照ください。

Ｑ１　<u>推進波の副次波</u>は「推進波―修正波―推進波－修正波－推進波」ということですが、ここで、最初に出てくる「推進波（太い下線）」と、その副次波として出てくる「推進波（波線）」は名前が同じなので混乱します。この２つの「推進波」はどう違うのですか？

## （Ａ１）

　エリオット波動では株価の値動きをいくつかの種類の波動に分類していますが、波形によって大きく推進波と修正波の２種類に分けることができます。この２種類の波動がいくつか連なって一回り大きな波動を形成します。その波動がまた推進波もしくは修正波のどちらかの種類の波動になります。

　このように、エリオット波動は大きい層から小さい層まで何層もの構造になっていて、どの大きさの層を取っても、同じような波形が繰り返し現れるという、いわゆる「フラクタル構造」をしているのです。

　したがって、質問の中で最初に出てくる「推進波」と後から出てくる「推進波」は、階層という点では異なりますが、

波形という点では同じ種類の波といえます。

このように、エリオット波動は、ひとつの波の中にそれと同じ種類の波を内包する形になっているのです。


Q2 「インパルスの2波は1波の始点を割り込まない」という説明の中の「1波」や「2波」と、「マイナー1波や2波、ミニスキュール1波や2波」は、同じ「1波」や「2波」という表記ですが、意味が違うのですか。


**（A2）**

「インパルスの2波は1波の始点を割り込まない」というような説明の中で使う「1波」「2波」というのは、インパルスの副次波の「ひとつ目の波」「2つ目の波」という一般的な意味で使われているものです。

それに対して、マイナー1波や2波、ミニスキュール1波や2波というときの「1波」や「2波」は、「波の階層一覧表」にあるディグリーを示す記号としての「1」波や「2」波のことで、例えば、これがプライマリー波なら、「①」波や「②」波というように記号が変わります。

たまたま、マイナー波やミニスキュール波では、一般的な順番を表す「1」とディグリーの記号としての「1」が同じ表記となるため、混乱しやすいので注意が必要です


また、ジグザグやフラットなどの修正波に関しては、ひとつ目の波という意味で「A波」、2つ目の波という意味で「B

57

波」という言い方をしますし、複合修正波はひとつ目の波という意味で「W波」、2つ目の波という意味で「X波」という言い方をします。これらは、マイナー波やミニスキュール波などの特定の階層の波を示す「A」波、「B」波、あるいは「W」波、「X」波とは意味合いが異なりますので、本書を読み進めていただくうえで、きちんと理解しておいていただければと思います。

# 第2章

## 5つの基本波形（詳細）

インパルス、ダイアゴナル、ジグザグ、フラット、トライアングル

## 第 1 節
# エリオット波動の基本波形について
# ～推進波と修正波～

　本章では、前章のエリオット波動の基本③で見た「５つの基本波形」のひとつひとつについて、

> ・基本的な波形とそのバリエーション（変形）
> ・副次波の構成
> ・一回り大きな波の中での位置関係

などのポイントをより詳しく述べていきます。

　エリオット波動では、波の種類として、大きく**「推進波」**と**「修正波」**に分類しています。その概要は以下の通りです。

### １）推進波とは

　推進波は５波動構成の波でアクション波としてだけ出現するものです。５波動を構成する副次波の中のリアクション波同士の重なりがなく、スッキリ推進していく形の**インパルス**と、副次波同士の重なりが多くてスッキリ推進しない**ダイアゴナル**の２種類があります。

◆基本波形の種類の図

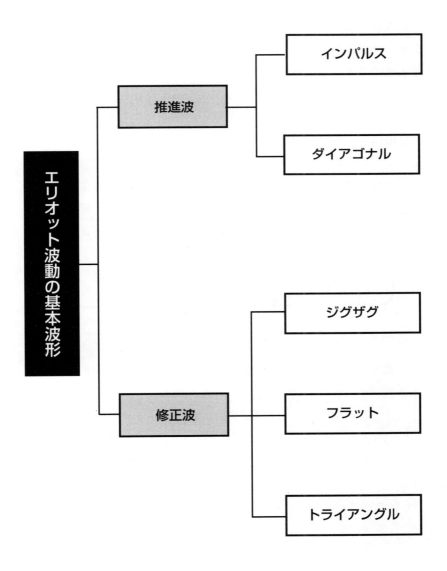

## ２）修正波とは

### ①概要

　修正波は主にリアクション波として出現する波形です。逆に、リアクション波はすべて修正波です。

　修正波の多くはメジャートレンド（一回り大きな波の進む方向）と逆行しながら動く波なので、複雑な形になって進行していく傾向があります。その結果として、かなり多様な波形が存在します。

　具体的には、**ジグザグ、フラット、トライアングル**という基本形に加えて、それらの変形である拡大型フラット、ランニングフラット、拡大型トライアングル、ランニングトライアングル、さらに、これらの修正波が複雑に組み合わさった複合修正波があります。特に、複合修正波には修正波の組み合わせによってさまざまなパターンがあります。

## 【修正波の種類】

| | 急こう配な修正 | 横ばい修正 |
|---|---|---|
| 機能（意味合い） | 価格修正 | 時間調整 |
| 波の種類 | ジグザグ<br>ダブルジグザグ<br>トリプルジグザグ<br><br>※Ｃ波巨大化フラットや拡大型フラットはこちらに分類させる性質のものと思われる。 | フラット<br>トライアングル<br>ダブルスリー<br>トリプルスリー |

こうしたことから、修正波の場合、進行中にはどのような波形を形成しているのか、今どの位置にいるのかということが判定できず、今後の予測も困難です。修正波の波形がすべて完了した後に、やっとその形が判定できるというケースがほとんどです。

　また、スッキリと進行しづらいため、トレードも難しく、トレードで成功しても大きな利益が取りにくい傾向があります。

　ですから、修正波においては、分析者としてもトレーダーとしても粘り強く柔軟に観察・分析していく必要があります。実際のトレードに際しては慎重な姿勢が必要であり、場合によっては休んで観察に徹するということも必要になります。

## ②急こう配な修正波と横ばいの修正波

　修正波は大きく分けると、急こう配な修正波（Sharp Corrections）と横ばいの修正波（Sideways Corrections）に分けられます。

　株価の修正には価格修正と時間調整（時間的修正）という２つの要素がありますが、急こう配な修正波は価格修正の要素が強く、横ばいの修正は時間的修正の要素が強い修正だといえると思います。

　急こう配な修正は比較的推進力が強くてあまり複雑でない比較的スッキリした修正であり、波形としてはジグザグやダブルジグザグ、トリプルジグザグがそれに相当します。

　インパルスの２波の位置に、急こう配の修正波として、ジグザグが多く観察されます。

　横ばいの修正は横向きに膠着したような修正で、その前のアクション波の終点を一時的に超えてしまうこともあります。

　トレーダーの間で「ヨコヨコ」と呼ばれるような横ばいのときは、ここでいう横ばい修正が起きていると考えてまず間違いありません。

　横ばい修正の波形としては基本的にはフラットやトライアングル、

63

それから、複合修正波のダブルスリーやトリプルスリーがそれに相当すると考えられます。しかし、フラットについては、後述するＣ波巨大化フラットのように価格修正の要素が強い形になることがあります。

　インパルスの４波は比較的横ばいの修正になりやすいといわれています（※実際にはインパルスの４波でも急こう配の修正であるジグザグが出現することは珍しくありません。しかし、２波に比べれば４波のほうが横ばいの修正になることが多いことは確かです）。

## 第2節
# 基本波形①　インパルス（衝撃波）

### 1）インパルスとは

インパルスは5－3－5－3－5という構成の推進波で、以下の「ルール」がすべて当てはまる波動です。

> ①2波は1波の始点を割り込まない
> ②1波、3波、5波の中で3波が一番小さくなることはない
> ③4波は1波に重ならない

次ページの図2－1は、インパルスの基本的な性質を説明した概念図です。詳細は、この後の本文をご参照ください。

### 2）インパルスの副次波の構成

インパルスの構成は5－3－5－3－5という、推進波と修正波が交互に織りなす形になっています。

副次波の中の推進波の1波と5波は、インパルスにもダイアゴナルにもなります。しかし、3波はインパルスのみです。

65

図2-1　インパルスの典型的なパターン

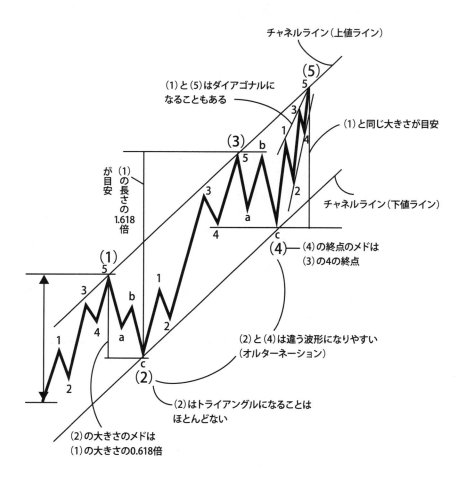

※これは典型的特徴をすべて記載したものであり、実際にはこのようにきれいに揃った波動になることは稀です

逆に言うと、副次波の３波と想定される波がインパルスでなければ、
その波はインパルスとは判定できません。つまり、「副次波３波がイ
ンパルスである」というのは、先に紹介した３つのルールと同様にイ
ンパルスという波であることの必要条件といえます。

　また、２波と４波はジグザグ、フラット、トライアングル、複合修
正波のいずれかの修正波になりますが、２波にはほとんどトライアン
グルは出ません。
　さらに、２波と４波には別の波形になりやすいという習性がありま
す。典型的なパターンは、２波がジグザグで、４波がそれ以外の修正
波、という形です。しかし、２波がジグザグ以外の修正波になること
もありますし、４波がジグザグになることもあります。

## ３）一回り大きな波の中でインパルスが出現する場所

　インパルスが出現する場所については以下の通りです。

> ・推進波の１波、３波、５波
> ・ジグザグのＡ波、Ｃ波
> ・フラットのＣ

## ４）インパルスの３つのルール

　第１章ですでに述べたように、エリオット波動理論には、波動の習
性や特徴を描いたもので波動分析上の手がかりとなるものとして、
「ルール」と「ガイドライン」があります。ルールはほぼ絶対的に守

67

られなければいけない波動分析の基本原則であり、ガイドラインは「そうなることが多い」という波動分析のための目安です。本書ではそれらの中で最も大事なものとして3つのルールと8つのガイドラインについて紹介します。その他のルールやガイドラインに該当すると思われる波の習性についても、本書の説明全体には盛り込んであります。

　3つの主な「ルール」はインパルスに関するものです。次ページ以降で詳しく見ていきましょう。

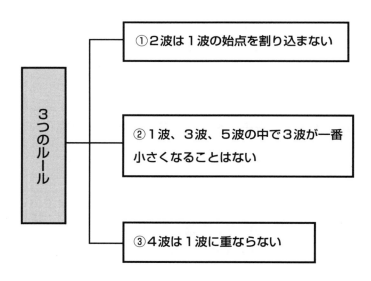

### 【ルール①を確認】
ルール①「2波は1波の始点を割り込まない」は、まさに絶対的と言える法則

例えば、下落トレンドが続いた後に、上昇転換の可能性を感じさせる上昇波動が出現したとします。これをインパルスの1波と考えたとしましょう。

しかし、次の下落で1波と思われた波動の始点を割り込んでしまったら、その上昇波動は上昇波動の最初の波ではなかった、という決定的な証拠になります。

図2－2

ルール① 2波は1波の始点を割り込まない

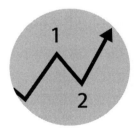 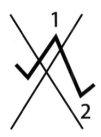

2波が1波と想定される波の始点を
割り込んだらその想定は破たん。
その場合、別のシナリオを探すこと。

こうした場合には別のシナリオを探る必要があります。具体的にどのようなシナリオがありえるでしょうか。少し考えてみましょう（ここの部分の話はややレベルが高くなります。初めて読む方はここを飛ばして 72 ページから読んでいただいてもいいと思います。しかし、実践上はとても役立つ話ですから、再読される際にはぜひここも読んでみてください）。

　一回り大きな下落波動が続いているわけですから、１波と想定していた上昇波は修正波か、その一部であることになります。
　まず、１波と想定していた波が５波動構成だと判断していたけど、実は３波動構成の波だったというケースが考えられます。「明らかに５波動構成だ」とか、「明らかに３波動構成だ」というケースもありますが、実際の波の動きは複雑であり、どちらにとれるケースも存在します。

　では、１波と想定していた波が明らかに５波構成であって３波構成ではない、というケースの場合はどうでしょうか。
　その場合は、図２－３の太線部分のように、上昇波動の１波目のインパルスと思っていたところが、実は拡大型フラットのＣ波であったというケースなどが考えられます。

　このケースでは、図２－３のＢ波としているところが３波動か５波動かというのが重要な判断ポイントになっています。もしこの部分が３波動にもカウントできる場合には、太線部分全体については拡大型フラットではないかという想定をしておくべきところだといえます。

図2-3

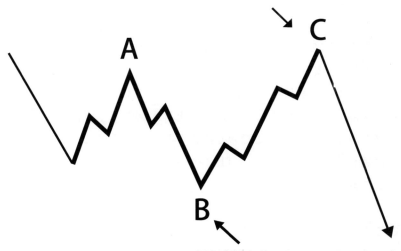

> **【ルール②を確認】**
> ルール②「１波、３波、５波の中で３波が一番小さくなることはない」はほぼ絶対的な法則

　このルールから考えると、図２－４のア、イ、ウのケースはその波形がインパルスとして成立します。しかし、エの場合は３波が１波や５波よりも短くなってしまっているので（＝インパルスとしての想定は破たんしているので）、別の形を想定する必要があります。

　この場合、図２－５のように３波～５波と想定していた部分は３波の副次波の ⓘ 波～ ⓘⓘⓘ 波とするカウントが有力になります。この想定通りなら、破線で示した部分を含めて５波動で３波が完成し、その後、さらに４波で下落したあと５波による上昇が起こると予測されます。

　カウントをしていくうえでの心構えとして、基本的にインパルスの３波は延長する可能性が高い（138ページ参照）という点に留意しておくとスムーズにいくのではないかと思われます。


　ここで、ひとつ注意すべきことがあります。**一見、ルール②に違反するように見えて、ルール②に適合するケース**です。例えば、74ページの図２－６のようなケースを考えてみましょう。

　この場合では１波、３波、５波の中で１波が1000円と一番長くて、３波が750円、５波が800円と、値幅的には３波が一番短くなっています。

　しかし、ルール②の「１波、３波、５波の中で３波が一番小さくなることはない」という原則において、波の大きさは基本的に変化率で見るべきものです。その点をよく頭に入れておきましょう。

　変化率で見た場合には、１波は100％、３波は約43％、５波は約

72

図2-4

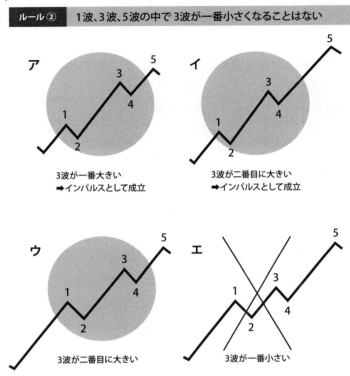

| ルール② | 1波、3波、5波の中で3波が一番小さくなることはない |

ア 3波が一番大きい
➡インパルスとして成立

イ 3波が二番目に大きい
➡インパルスとして成立

ウ 3波が二番目に大きい

エ 3波が一番小さい

図2-5　エの波動の別のカウント

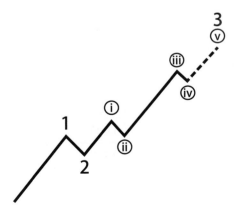

35%と、実は3波は一番小さくはありません。つまり、変化率で見ると、この事例はルール②に適合するのです。

特に、数年にわたる大きな上昇波動になると、どうしても後の波になるほど値幅という点では大きくなりがちです。小さな波動の場合には近似的に値幅で見てもよいと思われますが、変化率の点で大きな波動の場合にはあくまでも変化率で判断していく必要があります。

このように、実際にはインパルスとして成り立っていても、通常目盛りのチャートではインパルスの形ではないように見えてしまうことがあります。

これが片対数目盛りのチャートであれば、変化率が大きければ視覚的にも大きな波として表示されるので波動分析には適しているということがいえます。

図2－6

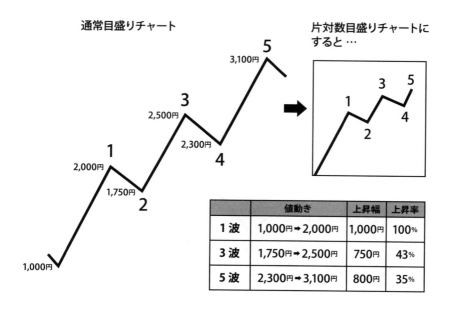

## 【ルールの例外について】
### 「ルールに対する規律性と柔軟性の大切さ」を考える

　変化率で見ても値幅で見ても3波は1波、3波、5波の中でかすかな差で一番小さいというケースは、惜しくもルール②に反するのでほかのカウントを探すべきです。

　しかし、前後の波や一回り大きな波との関係から、他のルールやガイドラインに照らして考えても、3波が1波、もしくは5波よりかすかに小さいという点を除けばこのカウントが成立することが一番全体的な収まりもよく、それ以外によい選択肢がないという場合には、「ほぼルールを満たしている」と判断してこのカウントを認めていいのではないか、というケースもあります。

　もちろん、基本的にルールは厳密に守られるべきもので、安易に例外を認めるべきではありませんし、安易に例外を認めていては波動の判断が間違う可能性が高まると思われます。

　しかし、一方、相場は機械ではなくて生き物であり、一時的な行き過ぎなど、ルールから外れる動きも多少あり得る、ということも考えておく必要はあります。

　特に先物やFXなどレバレッジをかけた取引が多い取引対象の場合、その1分足や5分足などの動きは「行き過ぎ」となることが比較的多くなりがちですので、波動分析においても、ある程度、柔軟に考えていく必要もあるでしょう。


　とても高度な話になりますが、安易にルールを逸脱しないという規律性と、相場は生き物だから、時にルールを逸脱することもあると考える柔軟性が分析者には求められるところだと思います。

75

## 【ルール③を確認】

ルール③「４波は１波に重ならない」はほぼ絶対的なルール。
しかし、いくつか例外もあり

　このルール③もほぼ絶対的な原則であり、図２−７のイのように、
４波と想定されている修正の動きが１波の領域に食い込んで来たら、
その想定が間違っている可能性が高く、図２−８のように想定をし直
して、波を数え直す必要があると考えられます。

　しかし、先述のように先物市場など、レバレッジを利かせてトレー
ドしている投資家の割合が大きくて値動きの変動率が高いマーケット
では、１波と４波が瞬間的に少しだけ重複しても、インパルスと認定
するのが妥当と思われるケースがあります。これはプレクターの本で
も指摘されています。

　特に、金融政策や経済指標などのサプライズ、地震などの天変地異
などによって株価が一時的にブレたと思われるときには、このルール
③についてもある程度柔軟性をもって考えてよいと思われることもあ
ります。

　ただし、原則としては、やはり１波と４波が重なってしまうのはイ
ンパルスとしてはあまり良くない形です。あくまでもほかに良い選択
肢がない場合の例外的な選択肢として考えておきましょう。

　なお、著者のこれまでの観察結果によると、４波がトライアングル
になった場合、その４波のＡ波が１波の領域に少し割り込むという
ケースがたびたび確認されています。

　厳密に言えば、４波のＡ波が１波の領域に食い込んでしまうとそれ

76

図2-7

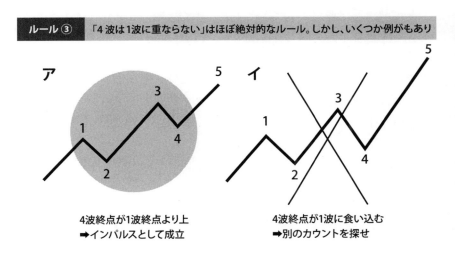

図2-8 イのケースの別のカウント

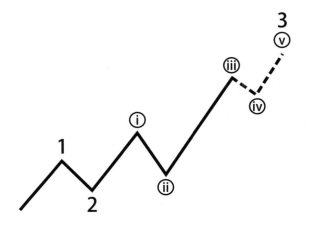

はルールに反しますので別のカウントを模索するべきだということになります。

しかし、その他のルールやガイドラインに照らして、トライアングルとして進行中の4波のA波（※この場合のA波は修正波の最初の副次波のことで、図2-9ではⓐ波のこと）が1波の範囲に少し食い込んでいること以外は、波動としてきれいに整合性が保てているというケースは、それは全体としてインパルスと認定してよいのではないかと思います。

図2-9

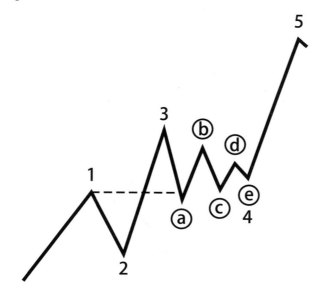

4波のトライアングルの副次波ⓐ波が1波に少しだけ食い込んでいるのはインパルスのカウントとしてセーフ。しかし、ⓒ波終点も1波に食い込んでしまうとこの図のカウントの成立はかなり厳しくなり、4波終点（=ⓔ波終点）も1波終点を下回るとインパルスとしてのカウントは破たんしたと言わざるを得ない

また、Ａ波だけでなくＣ波終点が１波に食い込む場合にはそのカウントはかなり厳しくなってきますし、Ｅ波の終点が１波に食い込んだらカウントは完全に破たんしたと考えるべきでしょう。

　その場合でも、１〜５波全体がダイアゴナルである可能性は残っています。１〜５波で構成される波がそれより一回り大きな波の最初か最後の副次波の可能性があるならば、ダイアゴナルの可能性を考えてみましょう。

　以上までで検討した「ルール」を改めて図２－10にまとめておきます。

図２－10　インパルスの３つのルール

　①２波は１波の始点を割り込まない
　②１波、３波、５波の中で３波が一番小さくなることはない
　③４波は１波に重ならない

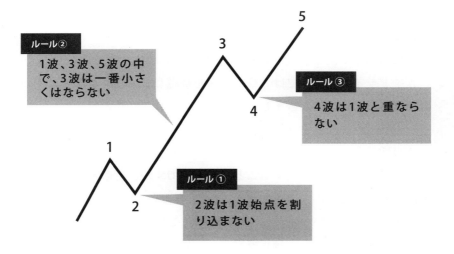

## 5）インパルスの８つのガイドライン

先ほども述べましたが、エリオット波動理論では波動を判定するための「ガイドライン」がいくつも示されています。これらは絶対的ではないものの、そうなるケースが多いという波動の習性を示したものです。主なものは以下の８つです。

①波の延長（エクステンション）
②波の均等性
③オルタネーション
④チャネリング
⑤出来高
⑥比率関係
⑦修正波の深さ（前の波の副次波４波がメドに）
⑧波の個性

この８つのガイドラインはインパルスに関するものであると同時に、インパルスの副次波に関するものです。インパルスの副次波にはあらゆる波形が出現しますので、結局、このガイドラインはすべての波形に関わりがあるものでもあります。

ガイドラインについては３章で詳細を解説しますが、ここではその概要をざっと眺めておきましょう

波の延長とはインパルスの１波、３波、５波のいずれかが巨大化することです。３波が延長することが多いのですが、その場合は１波と５波が同じくらいの大きさか、１：0.618 あるいは 0.618：１の比率になる習性があるといわれており、この習性を波の均等性と呼びます。

２波と４波はどちらも修正波ですが、異なる形になりやすい習性が

あります。例えば、２波がジグザグなら、４波はフラットやトライアングルなどの形になる習性があります。こうした習性をオルタネーションといいます。

　チャネリングはインパルスの１～５波の各終点が平行線内に収まる傾向があるという習性です。４波や５波の終点の予測や、ある波がインパルスであるのかどうかを判定するのに役立ちます。１波～５波が比較的きれいに平行線におさまっていると、それはインパルスである可能性が高まるということです。

　出来高に関するガイドラインは、プライマリー級より小さな波動では３波より５波の出来高が少なくなる傾向があり、５波の出来高が３波の出来高を超えるときは、５波がチャネル（インパルスを挟む平行線）を超えて終了するサインになるというガイドラインです。

　比率関係のガイドラインは、ひとつの波動の副次波どうしがフィボナッチ比率（７章参照）になりやすいという習性についてです。

　修正波の深さに関しては、４波の修正の終点に関して有効なガイドラインがあります。それは、３波の副次波の４波の終点がそのメドとし有効性が高い、というものです。

　２波に関しては深い修正になりやすく、１波の副次波の２波終点近辺まで修正してしまうケースも珍しくありません。

　波の個性は１～５波、Ａ～Ｃ波、さらにはトライアングルのＤ～Ｅ波の各波について、波の階層の大きさにかかわらず、よく見られる特徴を記述したものです。


　以上のガイドラインは波の波形や段階や位置の判定にきわめて役立つものです。詳細は３章で述べます。


**81**

## 第3節
# 基本波形②　ダイアゴナル

### 1）ダイアゴナルとは

　ダイアゴナルは5波動構成の推進波です。

　ダイアゴナルの副次波の構成は3－3－3－3－3か、5－3－5
－3－5です。波の大きさが徐々に小さくなりながら、上下どちらか
に突き出る形（エッジ型＝くさび型）になるのが特徴です。

　また、通常、4波が1波に重なります。この点がインパルスとの大
きな違いです。

　この「4波が1波に重なる」という特徴からもわかるように、イン
パルスに比べるとすっきりした推進波とは言えず、躊躇しながら推進
していくような、修正波の性格を帯びた推進波です（図2－11）。

　1波終点と3波終点を結んだ線と、2波終点と4波終点を結んだ線
は同じ方向に向かいつつ、徐々に近づいて交差する形になります（図
2－11）。

　5波の終点のメドは1波と3波の終点を結んだ線上です（図2－
12）が、その線を越えていくスローオーバーという形にしばしばなり
ます（図2－13）。

82

図2－11　ダイアゴナルの典型的なパターン

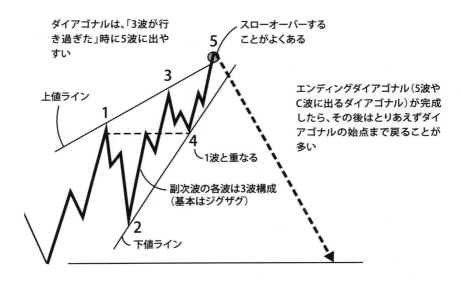

上値ラインと下値ラインは同じ方向への動きで、
全体の形はウェッジ型（くさび型）をしている

（注）１波終点と３波終点を結んだ線と、２波終点と４波終点を結んだ線のうち、上に位置する線を upper boundary、下に位置する線を lower boundary とプレクターの本では呼んでいますので、その直訳に近い言葉として「上値ライン」「下値ライン」という用語を本書では使いたいと思います

83

1波、3波、5波の大きさについては、基本的には1波＞3波＞5波というように徐々に小さくなっていきます。また、プレクターの本では、「5波の大きさは3波の大きさを超えない」という記述もありますが、図2－13のように、5波がスローオーバーして3波よりも大きくなるケースを著者はしばしば観察しています。

　つまり、ダイアゴナルはインパルスに関する3つのルールのうち、③の「4波は1波に重ならない」というルールについては通常守られず、②の「1波、3波、5波の中で3波が一番小さくなることはない」というルールについても必ずしも守られません。
　また、図2－14のように1波、3波、5波の中で1波が一番小さくなるケースもあります。

　このことに関して、「ダイアゴナルでは3波が1波より絶対に大きくならない」という主張をよく目にしますが、プレクターの本の中でもダイアゴナルの3波が1波より大きくなるダイアゴナルの事例が出ています（『エリオット波動入門』53ページ図1.18参照）。


## 2）ダイアゴナルの副次波

　ダイアゴナルは3－3－3－3－3か5－3－5－3－5という副次波の構成になります。
　3－3－3－3－3の場合、修正波が5つ連なる形になります。各副次波はジグザグが基本ですが、その他の修正波になる可能性もあります。
　5－3－5－3－5の場合は、インパルスと同じく、推進波と修正波が交互に織りなす形になります。1波と5波はインパルスかダイアゴナル、3波はインパルスが基本ですが、3波がダイアゴナルになる

図2-12

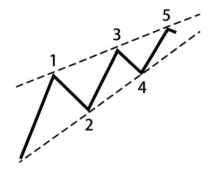

図2-13

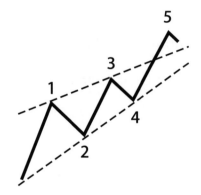

図2-14

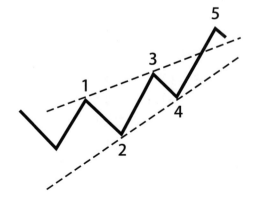

こともあります（※この記述に関しては疑問を持たれる方も多いこと
と思います。しかし、著者の観察ではサブミニュエット級以下の波動
でリーディングダイアゴナルの３波もダイアゴナルになるケースがま
れに確認されます）。

　２波と４波は基本的にジグザグですが、フラットやそのほかの修正
波になる可能性もあります。
　ダイアゴナルに関しては２波と４波はオルタネーションの習性はそ
れほど見られません。


## ３）一回り大きな波動の中でのダイアゴナルの出現位置

　ダイアゴナルは、副次波としては最初か最後の波として出現します。
具体的には、以下の通りです。

　インパルスの１波、５波
　５－３－５－３－５型ダイアゴナルの１波、５波
　ジグザグのＡ波、Ｃ波
　フラットのＣ波


　プレクターの本ではダブルスリーのＷ波の副次波のＣ波にダイアゴ
ナルは出現しないと述べられています。また、トリプルスリーのＷ波、
Ｙ波、Ｚ波の中では、Ｗ波やＹ波の副次波のＣ波としてダイアゴナル
が出現することはないとも述べられています。そして、ダブルスリー
やトリプルスリーの副次波の副次波としては、ダブルスリーのＹ波の
Ｃ波や、トリプルスリーのＺ波のＣ波などのように、最後の最後（複
合修正全体から見ると２つ下の階層の最後の波）にはダイアゴナルが
出現する可能性があるとプレクターは述べています。

しかし、著者のこれまでの観察では、Ｗ波のＣ波がダイアゴナルと思われる波形になるケースをしばしば観察しています。そうしたことから著者はこのプレクターの見解には疑問を持っています。この件についても、著者としては引き続き観察と研究を続けていきたいと思います。そして、新見解などがあれば日本エリオット波動研究所の公式サイトで発表していきたいと思います。

　また、まれにですが前述したように５－３－５－３－５型リーディングダイアゴナルの３波にダイアゴナルかと思われる形が出現するケースも見受けられます。ただし、５－３－５－３－５型リーディングダイアゴナルの３波も原則としてはインパルスであり、それがダイアゴナルになるのはあまりきれいな形とは言えません。

　１波やＡ波など最初の波として出現するダイアゴナルをリーディングダイアゴナル、５波やＣ波など最後の波として出現するダイアゴナルをエンディングダイアゴナルと呼びます。
　基本的にリーディングダイアゴナルは５－３－５－３－５型、エンディングダイアゴナルは３－３－３－３－３型ですが、例外的にリーディングダイアゴナルが３－３－３－３－３型になったり、エンディングダイアゴナルが５－３－５－３－５になるケースも見られます。


## ４）ダイアゴナルの上値ライン・下値ライン

　ダイアゴナルの副次波の１波と３波の終点を結んだラインと２波と４波の終点を結んだラインは両線とも上向きで交差する形か、両線ともに下向きで交差する形になります。
　　最後の５波については、１波と３波を結んだ線のライン上に来ることが多いですが、そのラインを突破する形（スローオーバー）にな

ることもしばしばあります（図2－15のア）。

また、時々、5波がそのラインに到達しないこともあります（同ウ）。

ごくまれなケースですが、5波が3波の終点を超えられずにフェイラー（143ページ参照）になることもあります（同エ）。

また、ダイアゴナルの条件を満たしながら上下ラインが収束せずに平行になったり拡大してしまったりするケースもあります。

これらはダイアゴナルの変形と考えられ、上下線が拡大する形は拡大型ダイアゴナル、あるいはエクスパンディングダイアゴナルと呼ばれます（図2－16）。


## 5）リーディングダイアゴナル

1波やA波として現れるダイアゴナルであり、トレンドの開始サインとなる波動です。

リーディングダイアゴナルは基本的には5－3－5－3－5という副次波の構成となりますが、例外的に3－3－3－3－3となることもあります。

リーディングダイアゴナルは、インパルスやリーディングダイアゴナルの1波やジグザグのA波など「最初の波」として出現しますので、上昇局面の後に下落のリーディングダイアゴナルが現れれば、その後に2波やB波の修正が起きたあと、3波－4波－5波という波動の下落や、C波の下落が続くと想定されます。

逆に、下落局面の後に上昇のリーディングダイアゴナルが現れると、2波やB波の修正の後、3波－4波－5波という波動の上昇や、C波の上昇が続くと想定されます。

つまり、リーディングダイアゴナルが確認されたら、その後、押

図2-15

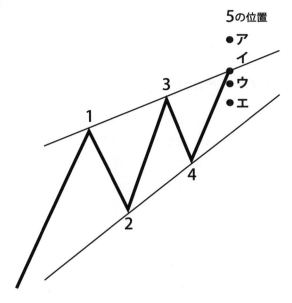

図2-16 拡大型ダイアゴナル

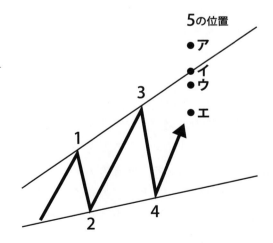

図2-15、図2-16ともに5波の終点はア〜エのいずれの可能性も考えられる

し目買いや戻り売りの戦略が有効になる、と考えられます（図2－
17）。


## 6）エンディングダイアゴナル

　基本的に3－3－3－3－3という5波動構成であり、インパルス
の5波目、5－3－5－3－5型ダイアゴナルの5波目、ジグザグや
フラットのC波など"最後の波"として出現します。

　エンディングダイアゴナルは推進波ではありますが、4波が1波に
食い込むことに加えて副次波がすべて修正波であるということで修正
波的な性格を強く帯びています。これらのことは、トレンド方向に推
進するエネルギーが尽きてきていることを示します。

　ただし、エンディングダイアゴナルはまれに5－3－5－3－5と
いう構成になることもあります（※エンディングダイアゴナルが5－
3－5－3－5型になることがあるということはプレクターの本では
記述されていませんが、そうなることがあることは一部の研究者から
指摘されていますし、著者もそう判断してよいと思われるケースを観
察しています）。


　エンディングダイアゴナルは「最後の波」として出現しますから、
下落が続いた末に下向きのエンディングダイアゴナルが出現すれば、
それが下降トレンド終了のサインとなると考えられます。

　逆に、上昇が続いている状況で上向きのエンディングダイアゴナル
が出現すれば、それが上昇トレンド終了のサインとなります。

　以上のように5波あるいはC波と想定される位置でエンディングダ
イアゴナルの形を見つけたら、それはその後の相場転換を予測するか
なり有効な手がかりとなります。

　エンディングダイアゴナルが完成したら、その後は比較的早い動き

図2−17

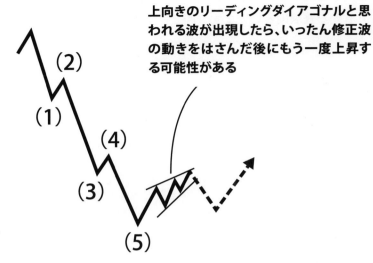

上向きのリーディングダイアゴナルと思われる波が出現したら、いったん修正波の動きをはさんだ後にもう一度上昇する可能性がある

図2−18

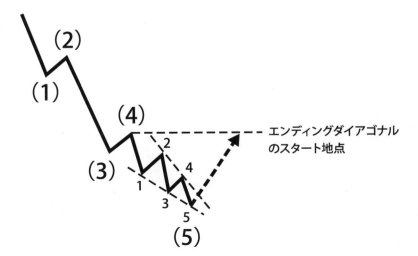

エンディングダイアゴナルのスタート地点

で反転し、少なくともエンディングダイアゴナルのスタート地点まで
は戻ることが多く観察されています。これについても、実践上、かな
り有効な経験則といえます（図2－18）。

第4節

## 基本波形③　ジグザグ

### 1）ジグザグとは

　ジグザグは5－3－5という3波動構成の修正波です。

　ジグザグは修正波の最も基本的な形であり、一般的には修正波の中では最も修正のエネルギーの強い波形だと考えられます。

　下落方向のジグザグの場合、通常はB波の終点はA波の始点よりもハッキリと下の位置になり、C波の終点はA波の終点をハッキリと下回る形になります（95ページの図2－19参照）。

### 2）ジグザグの副次波の構成

　ジグザグの副次波の構成としては、インパルス－ジグザグ－インパルスというのが最も基本的で最も出現頻度が高いものといえます。

　しかし、A波とC波はダイアゴナルになることもあります。

　また、B波はフラット、トライアングル、複合修正波になることもあります。

　プレクターの本では、A－B－Cの中でC波が最も破壊的な波動になることが多いと説明しています。

　しかし、時間足や分足などで確認する比較的小さな波の場合には、

Ｃ波があまり大きくならないケースも多々あります。

　また、著者の観察によると、Ｃ波の終点がＡ波の終点を超えられないで終わってしまうフェイラー（144ページ参照）になることも時折見られます。特にダイアゴナルの副次波や複合修正波のＸ波として出現するジグザグではそのようなフェイラーが起きることがあります。

　ただこれはあまりきれいな形とはいえませんし、出現頻度は決して高くはありません。ジグザグは原則として「Ｃ波終点がＡ波終点を超える形」と考えておいてください。


## ３）ジグザグの出現位置

　ジグザグが出現する可能性がある位置は、修正波の波形が出現する可能性のある箇所のすべてです。

　インパルスの中では、２波に比較的出現しやすいです。インパルスの４波はフラットやトライアングルや複合修正波など横ばいの修正になりやすいといわれていますが、ジグザグになるケースも珍しくありません。

　フラットの中では、Ａ波、Ｂ波のどちらか一方がジグザグになることが多く、もう片方はフラットになることが多いです。これもオルタネーションの一種です。

　３－３－３－３－３型のダイアゴナルの各波、５－３－５－３－５型のダイアゴナルの２波と４波はいずれもジグザグになりやすいです。

　トライアングルのいずれの波もジグザグになりやすいです。

　プレクターによると複合修正波の中ではＸ波はジグザグになることが多いとされていますし、ダブルスリーやトリプルスリーのＷ、Ｙ、Ｚのいずれかがジグザグになることもあります。

図2－19　ジグザグの典型的なパターン

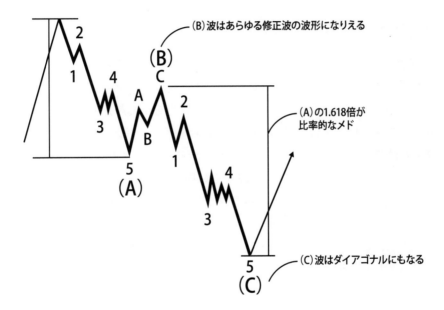

## 第5節
# 基本波形④　フラット

### 1）フラットとは

　フラットは3－3－5という3波動構成の修正波です。

　図2－21のように、A波は修正波、B波も修正波でA波の始点近辺まで戻り、C波は推進波でその終点はA波終点を少し超えるという形が基本形です。図2－20では（A）－（B）－（C）がフラットになり、その副次波（B）もA－B－Cというフラットになっています。

　この基本形がA波、B波、C波ともに同じくらいのレンジを行き来して横に進むような形になるのでフラットという名前になっています。この形を特にレギュラーフラットと呼びます。

　ただし、C波がかなり長くなり、A波終点を大きく超える「C波巨大化フラット」とでも呼べる形になることもしばしばあります（図2－22）。

　C波が巨大化したフラットは、インパルスの3波が延長するのと同じようにC波が延長したものといえますが、この形もよく観察されます。しかし、この形になるともはや「フラット」という名称はふさわしくない感じがしますし、「横ばいの修正波」に区分するのは無理があると思います。このC波巨大化フラットはジグザグに近い性質のものであり「急こう配の修正波」と考えたほうがよいと思います（※このC波巨大化フラットは、エリオットの本でもボルトンの本（『エリ

96

図2－20　フラットの典型的なパターン

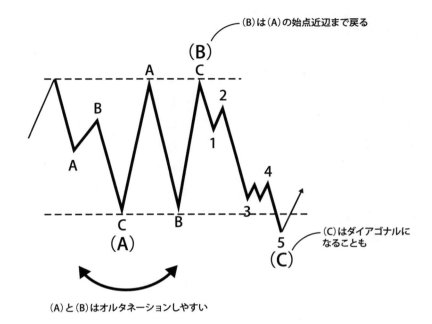

図2－21　レギュラーフラット

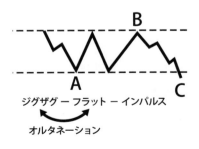

図2－22　C波巨大化フラット

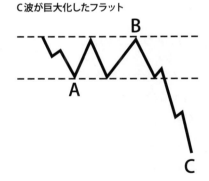

後述するように、フラットのA波とB波にはオルタネーションの習性が見られることが多い

オット波動——ビジネスサイクル』、次ページの図2−23）でも図とともに紹介されていますが、プレクターの本ではなぜかまったく触れられていません。しかし、実際にはよく観察される波形です）。

　また、Ｂ波終点がＡ波始点を超え、Ｃ波終点がＡ波終点を超えるというように（図2−24の左図）、Ａ波＜Ｂ波＜Ｃ波と波がどんどん大きくなる形になるケースもあります。これを拡大型フラットあるいはエクスパンデッドフラットといいます。拡大型フラットは実はレギュラーフラットよりも多く出現することが知られています。ですから、本来は拡大型フラットのほうがレギュラーフラットという名前にふさわしいとも言えます。

　さらに、拡大型フラットになりかけて、最後のＣ波終点がＡ波終点を超えることに失敗する形になることもあります。この形をランニングフラットといいます。
　このランニングフラットは、メジャートレンドの方向への圧力が強い中での修正のため、そのＣ波は5波動ながらもあまり大きくならないのだと考えられます。


## 2）フラットの副次波

　フラットの副次波はＡ波とＢ波が修正波でＣ波が推進波です。
　Ａ波はジグザグやフラットなど修正波の波形になりますが、一回り大きな波（フラット全体）と同じ方向なのでアクション波ということになります。少しややこしいですが、「修正波の波形のアクション波」という言い方をします。
　エリオット波動を解説した本やサイト記事などで「一回り大きな波と同じ方向の波は推進波」という説明をよく見かけますが、これは明

98

図2－23　ボルトンが図示したＣ波巨大化フラット

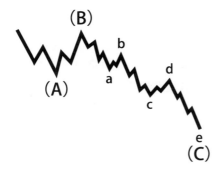

『エリオット波動―ビジネス・サイクル―』
（A・ハミルトン・ボルトン著）より

（Ｃ）の副次波についてはａ、ｂ、ｃ、ｄ、ｅと書いてありますが、プレクターの本の基準に従えば１、２、３、４、５というナンバリングが正しいということになります。ボルトンの時代にはまだ波のカウントの記号の基準として意識されるものがなく、このようなナンバリングになったのだと思われます

図2－24

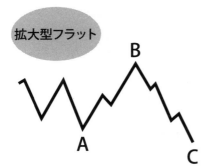

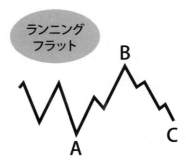

99

らかに間違いです。

　Ｂ波も、通常、ジグザグかフラットになります。

　Ｂ波はＡ波との間でオルタネーションの関係になりやすいという習性があります。例えば、Ａ波がジグザグならＢ波はフラット、Ａ波がフラットならＢ波はジグザグになることが多いです。

　Ａ波がジグザグで、Ｂ波もジグザグになるケースはありますが、その場合、Ａ波がシンプルなジグザグ、Ｂ波が複雑なジグザグというようにオルタネーションの習性が見られることもあります。

　その他、フラットのＢ波はダブルスリーなどの複合修正波になることもありますし、ごくまれですがトライアングルになる例も観察されています。


　Ｃ波についてはインパルスだけでなくて、ダイアゴナルになることもあります。


## ３）一回り大きな波動の中でフラットの出現する場所

　一回り大きな波動の中でのフラットが出現する可能性がある場所はジグザグと同じで、修正波の波形が出る可能性のある箇所のすべてです。

　インパルスの中では２波よりも４波に出現しやすく、フラットの中ではＡ波かＢ波のどちらかがフラットになることが多いです。


## ４）拡大型フラットとオーソドックスな高値について

　図２－25のように、上昇するインパルスの（４）波に出現する拡大型フラットは、その副次波のＢ波の終点が（３）波の終点を超えてしまうという点でトリッキーな形といえます。

100

その他の位置に出現する拡大型フラットでも同様のことが言えます。

　図2－25において、フラットの前の上昇波動の高値よりもB波の終点のほうが高くなっていますが、上昇波動自体はその前の高値のところで終わっており、こちらのほうを上昇トレンドの終点という意味で「オーソドックスな高値」と呼びます。

　このようなオーソドックスな高値を超えるB波は前の高値を超えるので多くの投資家が強気になり、また空売りをしていた人たちが音をあげて買い戻しに走るような雰囲気になりますが、そのあとは比較的大きな下落である5波動構成のC波が起こります。

　このように、投資家たちがかなり振り回されてしまうのが拡大型フラットの局面です。

図2－25　拡大型フラットとオーソドックスな高値

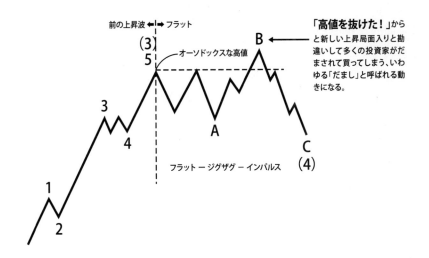

## 第6節
# 基本波形⑤　トライアングル

### 1) トライアングルとは

　トライアングルは3－3－3－3－3という5波動構成の修正波で、波の大きさが徐々に小さくなり三角形のような形になる波形です。
　トライアングルは修正波ですから、これら5つの副次波はA波、B波、C波、D波、E波とアルファベットで数えます（図2－26）。

　5波構成ではありますが、1波で価格的な修正は終了し、2波以降は時間的な修正となります。修正波の分類としては「横ばいの修正波」とされます。

　トライアングルの分析をする場合には、通常、Aの終点とCの終点を結んだトレンドライン（A－Cライン）と、Bの終点とDの終点を結んだトレンドライン（B－Dライン）という2つのトレンドラインを引きます。
　通常は上値ラインが下落し、下値ラインが上昇する収束型になります（図2－27）。

102

図2－26　トライアングルの典型的なパターン

・修正波が横に5つ連なる形
・上値ラインが下向き、下値ラインが上向き
・値動きは収縮する形に

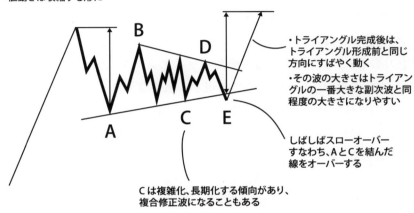

・トライアングル完成後は、トライアングル形成前と同じ方向にすばやく動く
・その波の大きさはトライアングルの一番大きな副次波と同程度の大きさになりやすい

しばしばスローオーバーすなわち、AとCを結んだ線をオーバーする

Cは複雑化、長期化する傾向があり、複合修正波になることもある

図2－27　通常のトライアングル

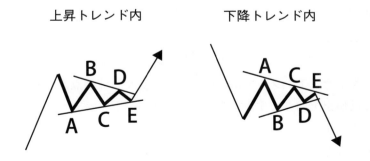

103

## ２）上昇型トライアングル、下降型トライアングル

　トライアングルの上値ラインか、下値ラインのどちらかが水平になるパターンも時折出現します。

　上値ラインが水平で下値ラインが上昇する形を上昇型トライアングル、上値ラインが下落して下値ラインが水平になる形を下降型トライアングルと呼びます（図２−28）。

　プレクターは最新版のテキストの中で、これらの形の中で上昇波動内の副次波として出現する下降型トライアングル（図２−28のイ）と、下降波動内の副次波として出現する上昇型トライアングル（図２−28のウ）についてはその存在を否定し、図２−28のアとエのパターンだけが存在すると説明しています。そして、それらのパターンを「バリア型トライアングル」と名付けています。

　しかし、著者の観察では、エリオットが主張したように図２−28のパターンはすべて確認されていますので、エリオットが最初に整理した図２−28のような分類と波動名を使うのが妥当ではないかと思います。


## ３）拡大型トライアングル（エクスパンディングトライアングル）

　振幅が拡大する形になる拡大型トライアングルは、収束型トライアングルよりは出現頻度が低いですが、ときどき出現します。

　図２−29の左図のように、上昇トレンド内の副次波として出現する拡大型トライアングルでは、そのB波終点やD波終点がオーソドックスな高値を上回りますが、E波終点はオーソドックスな高値を下回る形になります。

　一方、図２−29の右図のように、下降トレンド内の副次波として出現する拡大型トライアングルでは、そのB波終点やD波終点がオー

図2-28

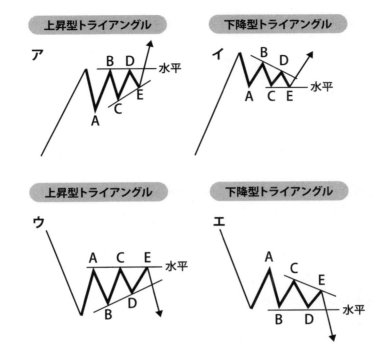

図2-29 拡大型トライアングル

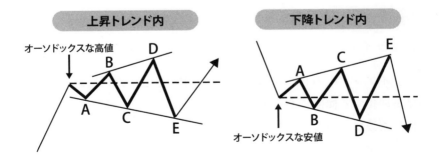

ソドックスな安値を下回りますが、Ｅ波終点はオーソドックスな安値
を上回る形となります。


## ４）ランニングトライアングル

　さらに、Ｂ波がＡ波の始点を超えて拡大するものの、Ｃ波以降が収
縮していくランニングトライアングルという形もしばしば観察されま
す（図２−30）。

　上昇波動内の副次波として出現するランニングトライアングルにお
いては、Ｂ波の終点がオーソドックスな高値（前の波の高値）を超え
てしまいます。ランニングトライアングルのカウントが成り立つため
には、Ｅ波終点はオーソドックスな高値を下回る必要があります。そ
うでない場合にはカウントは破たんしたと判断せざるをえず、別の波
形のカウントを探す必要が出てきます。

　下降トレンド内の副次波として出現するランニングトライアングル
においては、Ｂ波の終点がオーソドックスな安値（前の波の安値）を
下回ってしまいます。ランニングトライアングルのカウントが成り立
つためには、Ｅ波終点はオーソドックスな安値を上回る必要がありま
す。そうでない場合にはカウントは破たんしたと判断せざるをえず、
別の波形のカウントを探す必要が出てきます。


## ５）トライアングルのＣ波は複雑化・長期化することがある

　トライアングルの５つの副次波はその中のひとつだけ複雑化、ある
いは長期化する傾向にあります。そして、Ｃ波がそうした複雑化・長
期化した波になることが多いとされています。

　トライアングルの基本的なパターンは図２−31のようにジグザグ
の副次波がきれいに５つ並んだ形です。

図2－30　ランニングトライアングル

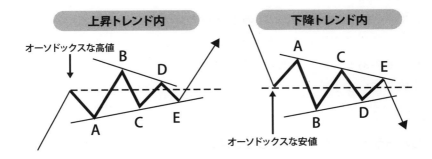

図2－31　トライアングルの最も基本的な形

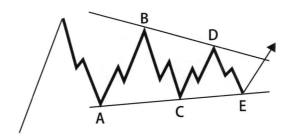

図2－32　トライアングルのC波が複雑化

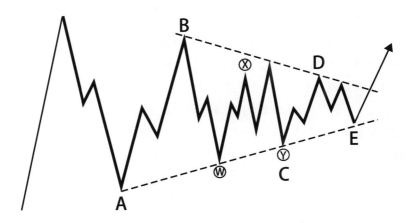

これに対して、ひとつの副次波が複雑化するケースは、その複雑化した副次波がフラットになったり複合型修正波になったりするパターンです。例えば、図2-32のトライアングルのC波はⓦ-ⓧ-ⓨという3波による構成ですが、ⓦの部分だけでC波が完成したと思いきや、そのあとⓧ波、ⓨ波が表れてダブルスリーとなり、やっとC波が完成しています。


## 6）トライアングルE波はしばしばスローオーバー、ときおり延長する

　E波終点はA-Cラインがメドになりますが、その線をスローオーバー（線を飛び出すこと）することも珍しくはありません（図2-33のウ）。その逆に、出現頻度は低いですが、トレンドラインに達せずに短い波で終わってしまうパターンになることもあります（同ア）。要するに、E波についてはどこで終わる可能性もあるということになります。ただし、E波と想定される波の終点がC波終点を超えたら、カウントは破たんです。

　また、A波からE波のいずれかがトライアングルになることがあります。この場合は、あたかも9波動のトライアングルのような形になります。しかし、実際にはA波、B波、C波、D波、E波のいずれかがトライアングルになっていると考えられますし、全体で5波動であると考えられます。例えば、図2-34のカウントは、一般的にはE波がトライアングルになったと考えて図2-35のようにします。これはE波が延長している形だと言われています。

　ただし、図2-36のように、トライアングルの副次波の中で明らかにC波がトライアングルになっているケースもあります。同様に、B波やD波がトライアングルになっているケースも観察されています。こうしたケースから考えても、図2-34のケースは、本来は、E波以外の副次波がトライアングルになっている可能性も考えられるというわけです。

図2-33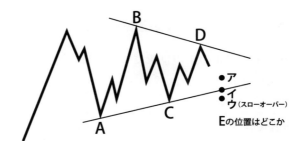

図2-34

図2-35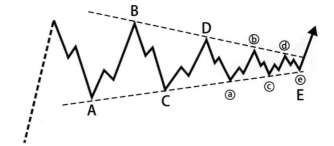

図2-36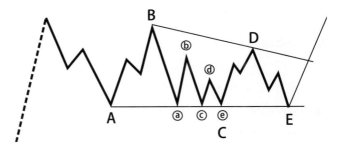

## 7） トライアングルの出現位置は４波であることが多い

　トライアングルの出現位置については、プレクターの本では以下のように説明されています。

　A triangle always occurs in a position prior to the final actionary wave in the pattern of one larger degree.
（トライアングルはいつもひとつ大きな階層の波の最後のアクション波の直前の位置に出現する）

「always（いつも）」というかなり強い表現が使われていますので、これはルールとして解釈されていると思われます。

　確かに、実際に相場を観察していても、トライアングルがこの位置に出現する習性についてはかなり当てはまるものと思われます。

　ただし、「いつも」というほどこれが当てはまるかというと、そうとは思えません。まれにではありますが、最後のアクション波のひとつ前ではないインパルス２波など、最後のアクション波のひとつ前の波ではないところにもトライアングルは観察されます。

　また、インパルスの２波がダブルスリーのとき、そのＹ波がトライアングルになることがあり、そのことはプレクターも本の中で指摘しています。しかし、これは「always」という表現と明らかに矛盾しています。ですから、always ではなくて、usually（通常は）とか、almost always（ほとんどいつも）などの表現のほうが正しいのではないかと思います。

　しかし、「トライアングルは、通常は、いつもひとつ大きな段階の波の最後のアクション波の直前の位置に出現する」ということは言えますので、これは波動の全体構造を解き明かす重要なヒントを与えて

**110**

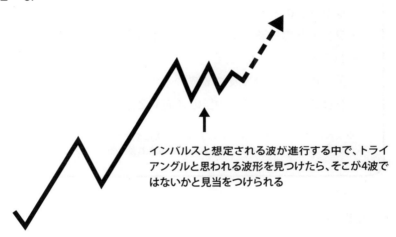

インパルスと想定される波が進行する中で、トライアングルと思われる波形を見つけたら、そこが4波ではないかと見当をつけられる

くれる波動と言えます。つまり、インパルスが進行中と想定されるプロセスの中でトライアングルのような形を見つけたら、そこが４波ではないかと見当をつけることができるわけです（図２－37）。

　トライアングルはインパルス４波を含めて以下の位置に出現する可能性があります。

・インパルスの４波（２波にはほとんど出現しない）
・ジグザグのＢ波
・フラットのＢ波（かなり珍しいが観察されている）
・トライアングルのＥ波
・ダブルスリーのＸ波やＹ波
・トリプルスリーの２つ目のＸ波やＺ波

※まれにではあるが、ダイアゴナルの副次波やトライアングルのＢ、Ｃ、Ｄにもトライアングルだと思われる波動が観察されている

　先述したようにトライアングルは一部の例外を除き、基本的には一連の波の連なりの中で「最後のアクション波のひとつ前の波として出現する」という重要な特徴があります。インパルスの４波は５波というアクション波のひとつ前ですし、ジグザグのＢ波はＣ波というアクション波のひとつ前です。

　ダブルスリーの中では、Ｘ波かＹ波の位置にトライアングルが出現する可能性があります（図２－38）。
　ダブルスリーのＸ波は、ダブルスリーの中のＹ波という最後のアクション波のひとつ前の波です。Ｙ波は修正波の波形ですが、一回り大

図2−38

ダブルスリーのＹ波がトライアングルになるパターン

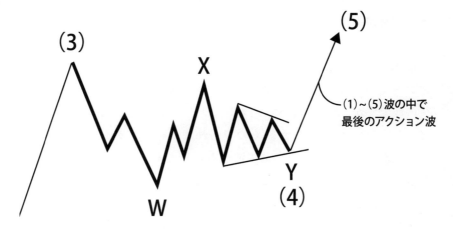

ダブルスリーのＸ波がトライアングルになるパターン

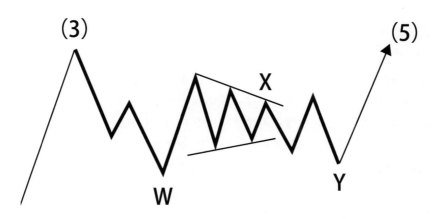

きな波動と同じ方向の波なのでアクション波ということになります。

　なお、「推進波、修正波」と「アクション波、リアクション波」の違いが理解できていないと、ここの説明はわからなくなってしまいます。理解が不十分な場合には改めて40ページ説明を見てください。


　前ページの図2 - 38の上図のようにダブルスリーのY波がトライアングルの場合、このY波のトライアングルはダブルスリーの中の最後の波ですが、それに続いてダブルスリーと同じ段階の5波かC波［図2 - 38では（5）波］が続くのであれば、そのトライアングルは最後のアクション波のひとつ前の波とも言えます。トリプルスリーの場合も、それに準じて考えることができます。

　しかし、前述したように、"Y波がトライアングルになっているダブルスリー"が（2）波に出れば、トライアングルの次には（3）波が出現することになります。この場合にはトライアングルは「最後のアクション波のひとつ前」という位置ではなくなります（図2 - 39）。


## 8）トライアングル完成後の動き

　トライアングルの典型的な出現場所はインパルスの副次波4波ですが、それに続く5波は、しばしば短期的で素早い動きの「スラスト」と呼ばれる波となります。波形としてはインパルスにもダイアゴナルにもなります。このスラストは、通常、トライアングルの一番大きな副次波の大きさと同程度進みます（図2 - 40の上図）。

　しかし、非常に強い相場の中では、トライアングル完成後に出現する推進波はスラストではなく延長波になることがあります。つまり、トライアングルに続く5波がスラストを超えるような動きになれば「5波が延長する可能性が高い」ということになります。商品相場ではこうなるケースが比較的多いとプレクターは指摘しています（図2

**114**

図2－39　Y波がトライアングルのダブルスリーが（2）波に出るパターン

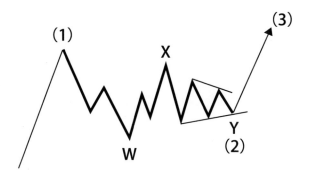

図2－40

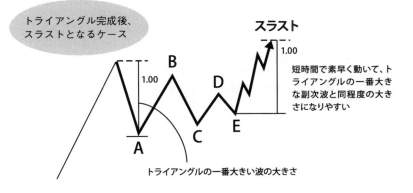

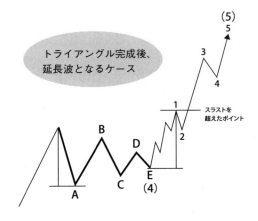

－40 の下図)。


　以上で、修正波（ジグザグ、フラット、トライアングル）の話は終
了です。以下の図2－41は修正波についてまとめた表です。


図2－41　修正波の基本3波形のまとめ

| ジグザグ | フラット | トライアングル |
|---|---|---|
| ・5-3-5という構成<br>・B波終点はA波の始点を超えず、C波終点はA波終点を超える。 | ・3-3-5という構成<br>・B波終点はA波始点近辺まで戻す。<br>・C波終点はA波終点を少し超えるのが基本だが、大きく超えることも。<br>・B波終点がA波始点を超えると、C波終点がA波終点を超える拡大型フラットになる可能性がある。C波終点がA波終点を超えられないランニングフラットになることもある。 | ・3-3-3-3-3という構成<br>・上値ラインと下値ラインは逆向きであり、収縮する形になるが、拡大する形になることもある。<br>・上値ラインと下値ラインのどちらかが水平になることもある。<br>・E波はしばしばスローオーバーする。 |

## 第7節
# 複合修正波（コンビネーション）

### 1）複合修正波とは

　複合修正波は、ジグザグ、フラット、トライアングルなどの修正波がＸ波というつなぎの波動によって２つないし３つ連結した形の修正波です。複合修正波における修正波の連結は、経験上、最大で３つまでが限界と言われています。

　複合修正波は大きく分けて、急こう配の複合修正波と横ばいの複合修正波の２種類あります。

　急こう配の複合修正波はＸ波を介してジグザグが２つか３つ連なる形になり、ひとつ目のジグザグをＷ波、２つ目のジグザグをＹ波、３つ目のジグザグをＺ波と言います。急こう配の複合修正波の場合、Ｙ波終点がＷ波終点を超え、Ｚ波終点がＷ波終点を超えるというように価格修正が進む形になります。

　ひとつのＸ波を介してジグザグが２つ連なった形はダブルジグザグ、２つのＸ波を介してシグザグが３つ連なった形はトリプルジグザグといいます（図２－42の上図）。

　横ばいの複合修正波はＸ波を介して修正波が横向きに連なった形です。Ｗ波以降は原則横ばいの動きが続いて価格修正が進まない形にな

**117**

ります。価格修正が多少あることもありますが、全体として、横ばい
の動きになります。

　Ｘ波を介して修正波が２つ連結する形をダブルスリー、２つのＸ波
を介して修正波が３つ連結する形をトリプルスリーといいます。

　連なる修正波Ｗ、Ｙ、Ｚは、トライアングルが最後にしか出ないこ
とを除けば、あらゆる修正波形になる可能性があります（図２－42
の下図）。

　つなぎのＸ波は修正波で、ジグザグとなることが多いですが、ほか
のあらゆる修正波形になる可能性もあります。ただし、トリプルスリー
の場合は、最初のＸ波はトライアングルにはならないと言われていま
す。

　ダブルジグザグやダブルスリーの波動構成は３－３－３、あるいは
Ｗ－Ｘ－Ｙ、トリプルジグザグやトリプルスリーの波動構成は３－３
－３－３－３、あるいはＷ－Ｘ－Ｙ－Ｘ－Ｚということになります。

---

　※プレクターは、複合修正波そのものに対して、Ｗ波、Ｙ波、Ｚ波はひ
とつ下の階層、Ｘ波は２つ下の階層の波と考えているようです。つまり、
プレクターはダブルスリーは３－１－３という構成で２つ下の階層の波
の数は７波、トリプルスリーは３－１－３－１－３という構成で２つ下
の階層の波の数は 11 波と考えているようです。

　しかし、プレクターはＸ波の表記をＷ波、Ｙ波、Ｚ波と同じ階層とし
ていますし、著者の観察でも、Ｘ波がＷ波、Ｙ波、Ｚ波よりひとつ下の
階層の波というほど小さいものになることはあまりなく、同等の階層の
波と考えるのが妥当ではないかと判断しています。

　したがって、本書としては、ダブルスリーは３－１－３ではなくて３
－３－３、トリプルスリーは３－１－３－１－３ではなくて、３－３－
３－３－３と表記しました。

図2－42

Y波がW波による価格修正をさらに更新するというのが、ダブルジグザグの特徴

この事例はフラット－ジグザグ－トライアングルという構成。W波に対して、Y波は基本的に価格修正を更新しない。価格修正しても大きくはしない

## ２）Ｙ波終点がＷ波終点を超えるか超えないかがカウント上重要

　ダブルスリーやトリプルスリーは修正波が２つか３つ連結した形であるという点で、ダブルジグザグやトリプルジグザグと構造的に似ている面があります。しかし、ダブルジグザグやトリプルジグザグは価格修正の要素が強い波であるのに対して、ダブルスリーやトリプルスリーは横ばいで時間調整の要素が強い波であるという点で本質的に違う波動であるといえます。

　ダブルジグザグやトリプルジグザグなど急こう配の複合修正波と、ダブルスリーやトリプルスリーなど横ばいの複合修正波の波形上の大きな違いは、図２－42でも示されているようにＹ波終点がＷ波終点を明確に超えるか超えないか、という点です。

　トリプルジグザグやトリプルスリーの複合修正波の場合には、それに加えて、Ｚ波終点がＹ波終点を超えるか超えないか、という点も重要な違いになります。

　例えば、ダブルスリーかトリプルスリーではないかと想定してカウントしていたらＹ波終点がＷ波終点を大きく超えてきてしまったという場合には、想定が破たんした可能性が高くなります。その場合には他のカウントや想定を探すべきでしょう。

　逆に、Ｙ波終点がＷ波終点を超えられない場合には、ダブルジグザグやトリプルジグザグと解釈するのは難しくなりますので、やはりほかの可能性を探したほうがよい、ということになります。

120

### 3）複合修正波の副次波の構成

　ダブルスリーの副次波については以下の通りです。

　Ｗ波とＹ波はいずれも修正波ですが、プレクターによるとそれらの中にジグザグは含まれていてもひとつまでということです。

　フラットはＷ波にもＹ波にも出現する可能性があり、両方ともフラットになる可能性もあります。

　トライアングルはＷ波には出現せず、Ｙ波には出現します。

　また、Ｗ波とＹ波は、通常、オルタネーションの習性が働いて別の波形になることが多いようです。ダブルスリーは横ばいの修正という性質があるため、Ｗ波がフラットでＹ波がトライアングルというように横ばいの修正波形が組み合わさるのが典型的な形です。

　また、Ｘ波についてはどの修正波形にもなる可能性がありますが、ジグザグとなるのが一般的です。


　トリプルスリーを構成するＷ波、Ｙ波、Ｚ波については以下の通りです。

　ジグザグは出現してもＷ波、Ｙ波、Ｚ波の中でいずれかのひとつだけということです。

　フラットはどの波としても出現する可能性がありますし、複数出現する可能性があります。

　トライアングルはＷ波、Ｙ波、Ｚ波の中ではＺ波としてだけ出現する可能性があります。

　Ｘ波はひとつ目も２つ目もジグザグになるのが一般的ですが、その他あらゆる修正波にもなる可能性があります。ただし、ひとつ目のＸ波はトライアングルにはならないということです。

　ダブルスリーやトリプルスリーにおけるジグザグの出現回数についてプレクターは、ダブルスリーの場合はＷ波、Ｙ波のうちひとつだけ、

トリプルスリーの場合はW波、Y波、Z波の中でジグザグはひとつだけ、と述べています。

しかし、実際のところ、どうしてそのようになるのかがわかりませんし、本当にそうなるのか実証的なデータもありません。これは、ダブルスリーでW波もY波もジグザグならば、それはダブルジグザグになってしまうという発想から出た仮説だと思われます。しかし、Y波がW波よりも小さなジグザグになって、全体として横ばいのダブルスリーになるケースも観察されています。

また、123ページで述べるようにトライアングルはトリプルスリーの一種と言えますが、W波、Y波、Z波に相当するA波、C波、E波のすべてがジグザグであるケースはあります。

著者自身もこの点ではまだ観察や検証が不十分なので、今後の課題にしたいと思いますが、「ダブルスリーのW波、Y波でジグザグはひとつまで」、「トリプルスリーのW波、Y波、Z波でジグザグはひとつまで」という仮説はおそらく正しくないのではないかと感じています。


以上のように複合修正波はとても複雑化した波ですが、逆に複雑で解釈の難しい波については、複合修正波としてこじつけて解釈することは比較的容易です。

しかし、著者の見解としては、波動のカウントにおいて複合修正波をあまり安易に持ち出さないほうがよいと思っています。よりシンプルできれいな波形を模索することを優先して、それがかなわない場合に奥の手として複合修正波という解釈を持ち出してカウントを探すというようにしたほうが、より正しい波動のとらえ方ができると思います。

ただし、今はコンピューター取引が全盛となる中で株価の動きは人間心理による影響が薄れてよりランダムになり、その結果、1－2－3－4－5－A－B－Cというきれいな波形は出現しづらくなり、W

－X－Yという複合修正波が多くなっていると主張している研究者もいます。

　著者としては、依然として1－2－3－4－5－A－B－Cという動きが株式市場の主流を占めており、複合修正波はあくまでもマイナーな現象であると考えています。しかし、複合修正波の動きが増えているという主張を否定するだけの根拠も今のところ持ち合わせていません。この点はやはり今後の研究課題としたいと思います。

## 4）トライアングルとトリプルスリーの違い

　トリプルスリーは2つのX波を含めて横向きに5つの修正波が連続した形です。そうした意味で、トリプルスリーはトライアングルにかなり近い形です。

　下の図2－43は左右ともに同じ波形です。太線の部分は、ジグザグ－ジグザグ－フラット－ジグザグ－トライアングルというように修正波が5つ連結しています。W波、Y波、Z波に相当する箇所のうちジグザグはひとつだけなので、トリプルスリーと解釈できます。また、上値ラインと下値ラインが収縮しており、5つの修正波が連結しているのでトライアングルとも解釈できます。

図2－43　トリプルスリーにもトライアングルにも解釈できる

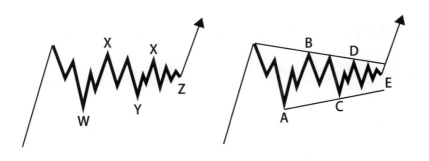

以上のように、修正波は一般的に複雑で判断が難しい形になること
が多いですが、とりわけ複雑で難解な波が複合修正波なのです。

　複合修正波はエリオット波動理論の体系の中でも最もわかりづらい
ところであり、謎も多く残されているところです。本書では読者の混
乱を避けるために詳述はしていませんが、ダイアゴナルが複合修正波
にカウントできてしまうこともしばしばあります。そうした意味で、
他の波形との境目が不明瞭な面もあります。

　波動について解明していくうえでも、複合修正波がカギを握ってい
る面もあると思われ、今後も研究を進めていく価値のある波形だと思
われます。


　さて、次には複合修正波について知識を整理・確認する意味で複合
修正波に関する問題を出します。ぜひ考えてみてください。


## 5）複合修正波の知識の確認問題

　次ページの４つのケースで、複合修正波のカウントとして適当と思
われるものには〇、間違っていると思われるものには×を付けてくだ
さい。


**数分間、考えてから 126 ページに進んでください**

124

問題

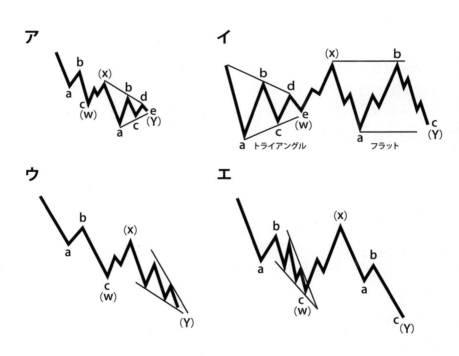

いかがでしょうか。なかなか難しい問題だったと思います。解答は以下の通りです。

## 解答：ア×　イ×　ウ×　エ△

　ア～ウは×、エは△ということでした。×の理由も記しましょう。

　ジグザグ－X波－トライアングルの組み合わせならダブルスリーの可能性が考えられます。しかし、アは（Y）波終点が（W）波終点をハッキリ更新してしまっています。ダブルスリーならば、（Y）波は基本的に時間の修正の波ですから、（W）波終点を更新してしまっている場合にはダブルスリーというカウントが間違いである可能性が高い、ということがいえます。したがって、アを複合修正波とカウントすることは困難であり、別のカウントを探すべきです。

　イについては、トライアングルが先頭に来てしまっています。ダブルスリーのW波にトライアングルが来るというカウントは間違いだと思われます。ダブルジグザグでもありませんから、別のカウントを探すべきでしょう。

　ウは（Y）全体がダイアゴナルになってしまっています。複合修正波というのはあくまでも修正波が連結した形です。（W）波も（Y）波も推進波であるインパルスやダイアゴナルになることはありません。そのようなカウントは明らかに間違いです。別のカウントを探すべきです。

　エについては一見良さそうに思えますが、（W）波のC波がダイアゴナルになっており、これはプレクターが説明するルールに反します。ただし、（W）波のC波がダイアゴナルになることがないのかどうか

という点について著者としては疑問に思っていますし、これはこれで
ダブルジグザグとして成り立つ可能性があるのではないかと思ってい
ます。ということで、これは現状としてスッキリした結論が出せない
ので△とさせていただきます。

図2−44　複合修正波のまとめ

| 複合修正波には2種類ある | | |
|---|---|---|
| 波形の種類 | 急こう配の複合修正波 | 横ばいの複合修正波 |
| 調整の種類 | 価格修正 | 時間調整 |
| 具体的な特徴 | Y波終点がW波終点を超え、Z波終点がY波終点を超える | 価格修正はW波で終わりY波終点、Z波終点はW波終点を大きく超えない。 |
| 具体的な波形 | ダブルジグザグ<br>トリプルジグザグ | ダブルスリー（一例）<br>フラット−ジグザグ−トライアングル<br>トリプルスリー（一例）<br>ジグザグ−ジグザグ−フラット−ジグザグ−トライアングル |

127

# 章末資料　各波形の副次波の図解

## ◎インパルスの副次波

　インパルスの1波目にはインパルスが来ることが多いですが、ダイアゴナルになることもあります。

　2波目にはすべての修正波が出現する可能性がありますが、急こう配の調整になることが多くジグザクになることが多いです。ジグザグの代わりにダブルジグザグになることもあります。

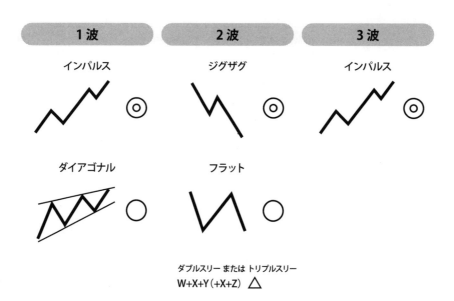

※各位置への各波形の出現確率は、まだデータ収集・研究の途中であり、今回示した出現可能性は暫定的なものです。今後の研究次第で結論が少し変わる可能性もあります。そのときは、当研究所のサイトで発表する予定です

しかし、2波はフラットになることもありますし、頻度は低いですがダブルスリーやトリプルスリーになることもあります。また、かなりまれですがトライアングルになることもあります。
　3波はインパルスにしかなりません。
　4波はすべての修正波になる可能性がありますが、2波に比べると横ばいの修正になることが多いです。ただし、ジグザグになることも多いです。
　5波はインパルスかダイアゴナルです。

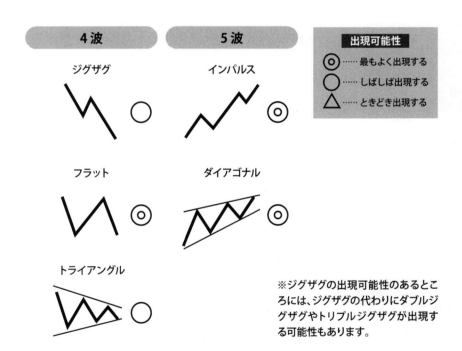

※ジグザグの出現可能性のあるところには、ジグザグの代わりにダブルジグザグやトリプルジグザグが出現する可能性もあります。

129

## ◎3−3−3−3−3型ダイアゴナルの副次波

修正波が5つ結合する形でできており、副次波の波形としてはジグザグが一般的です。ジグザグの代わりにダブルジグザグやトリプルジグザグが出現することもあります。

各副次波にはフラットもある程度出現しますし、ダブルスリーなどの複合修正も時折出現します。トライアングルはほとんど観測されていませんが、出現する可能性はあると思われます。

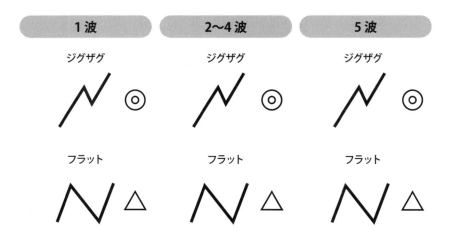

※各波ともジグザグの代わりにダブルジグザグやトリプルジグザグが出現する可能性あり。また、各波ともトライアングルが出ることはほとんどないが可能性ゼロとはいえない

## ◎5－3－5－3－5型ダイアゴナルの副次波

　1波、3波、5波は一般的にはインパルスになります。しかし、1波と5波はしばしばダイアゴナルになります。3波はほとんどのケースでインパルスですが、ごくまれにダイアゴナルとしかカウントできない波形が出現することがあります。

　2波と4波は一般的にジグザグですが、どの修正波になる可能性もあります。

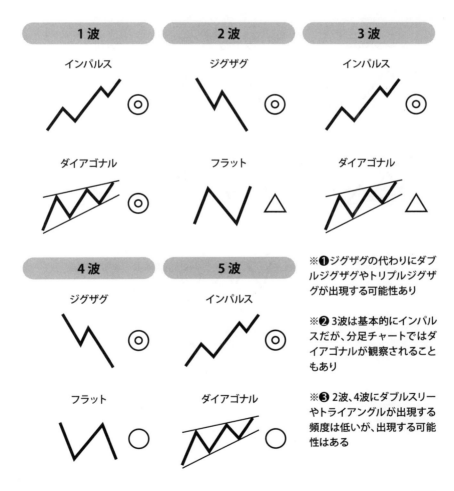

◎ジグザグの副次波

　Ａ波とＣ波は一般的にはインパルスですが、ダイアゴナルになることもあります。

　Ｂ波はジグザグが一般的ですが、フラットとトライアングルになることも多いです。ダブルスリー、ダブルジグザグになるケースも時々観測されます。トリプルスリーになる可能性もあると思われます。

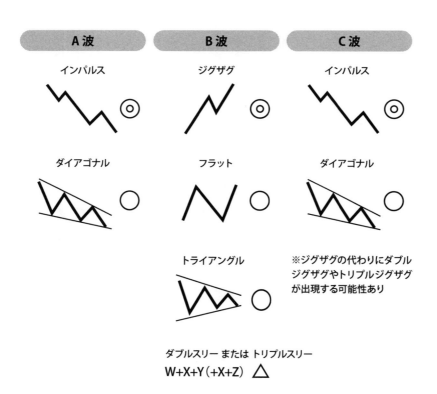

## ◎フラットの副次波

　フラットはA波がジグザグ、B波がフラットになる形が一般的ですが、両方ジグザグになったり、両方フラットになったり、A波がフラット、B波がジグザグになる形も出現します。両方同じ波形になる場合でも複雑さや大きさが異なる形になることが多いです。その場合、A波よりB波が複雑になったり大きくなったりするのが一般的です。このようにフラットのA波とB波はいずれかの形でオルタネーションのガイドラインが当てはまることが多いです。ただし、A波もB波も大きさや複雑さの点で同じようなジグザグになることもしばしばあります。ガイドラインはあくまでも「そうなることが多い」ということであり、そうならないパターンもあります。

　フラットのC波はインパルスになるのが一般的ですが、ダイアゴナルになることもあります。

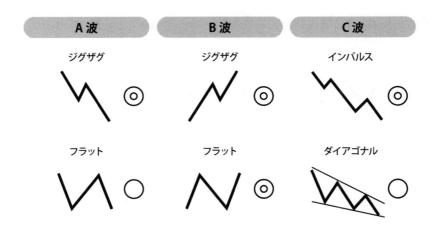

※1　ジグザグの代わりにダブルジグザグやトリプルジグザグが出現する可能性あり
※2　かなりレアだが、B波がトライアングルになるケースもある

## ◎ トライアングルの副次波

　トライアングルの副次波の各波はいずれもジグザグが一般的ですが、フラットになることもありますし、どの修正波の波形にもなる可能性があります。特にB波、C波、D波はダブルスリーにもなるケースが時々観測されます。中でもC波は特に複雑化しやすい性質があり、比較的ダブルスリーになりやすいです。トリプルスリーはほとんど観察されませんが、出現する可能性がゼロとは言えません。

　E波については時折トライアングルになります。

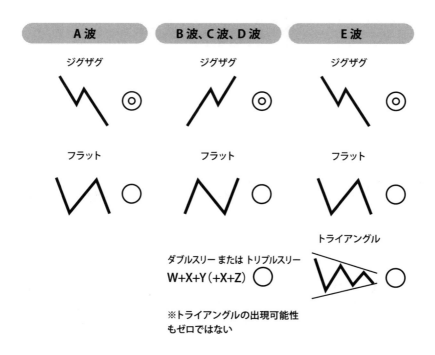

※1　ジグザグの代わりにダブルジグザグやトリプルジグザグが出現する可能性あり
※2　トライアングルはA波〜D波で出現可能性ゼロとはいえない

# 第3章

## 8つの「ガイドライン」

## 第1節
# エリオット波動の
# 主な8つのガイドライン

エリオット波動理論では波動の主な習性が「ルール」と「ガイドライン」としてまとめられています。ルールは、波動形成上、ほぼ守られる基本原則（あるいは、波動分析上、ほぼ守るべき基本原則）であるのに対して、ガイドラインは必ずとは言えないけれどそうなることが多い習性であり、波動のカウントをしたり今後のシナリオを考えたりするときに役立つものです。波動の分析をしていく際にはルールを順守しつつ、ガイドラインも意識してそれができるだけきれいに当てはまるように、波動のカウントと今後のシナリオを探すように心がけましょう。それが、今後の株価をいかに的確に想定できるかを左右します。

ルールには主なものが3つあり、それについては第2章で詳しく紹介しました。

ガイドラインはたくさんありますが、本章では主にプレクターの本『ELLIOTT WAVE PRINCIPLE』の内容を参照しながら、主なものを8つに整理して解説していきたいと思います（次ページ参照）。

136

## 【エリオット波動の主な８つのガイドライン】

**波の延長**　インパルス1波、3波、5波のいずれかひとつが巨大化しやすいという習性。

**波の均等性**　インパルス1波、3波、5波のうちいずれか2つの波が変化率の点でも時間的長さの点でも同程度になりやすいという習性。

**オルタネーション**　同じインパルスの副次波の2波と4波が別の波形になりやすい、あるいは、同じフラットの副次波のA波とB波が別の波形になりやすいという習性。

**チャネリング**　インパルスが2本の平行線の間に挟まるように形成されやすいという習性。

**出来高**　プライマリーより小さな階層の波では5波の出来高は通常は3波の出来高よりも小さくなり、5波の出来高が3波の出来高と同じくらいか、それ以上になるときは5波が延長する可能性を示唆する。

**比率関係**　インパルスの1波、3波、5波の大きさがお互いに0.618や1.618などのフィボナッチ比率の関係になりやすいという習性。

**修正波の深さ**　インパルスの4波による修正は、3波の副次波の4波がメドになりやすいという習性。

**波の個性**　1波～5波、A波～E波の各波ごとに特有な波の習性。

## 第2節
# ガイドライン① 波の延長

### 1）波の延長（エクステンション、Extention）とは

インパルスにおいてはしばしば、副次波の3つのアクション波、つまり1波（図3-1）か、3波（図3-2）か、5波（図3-3）のうちのどれかひとつが延長します（どの波も延長しないこともあります）。

延長というのは、その波が他の2つのアクション波に比べてかなり大きくなる現象です。その各副次波は巨大化して他の2つのアクション波と同じ階層の波と考えても遜色ないほどの大きさの波になり、比較的クッキリとカウントしやすい波形になる傾向があります。

基本的に延長はひとつの波だけで起こります。つまり、アクション波のうちのひとつが延長したら残りのアクション波は延長しないと考えられます。

これはあくまでもガイドラインですから、現実的には3つのアクション波のうち2つが延長するケースも見受けられます。しかし、確率的には3つのアクション波のうち延長するならひとつだけであることが多く、これは相場予測をするうえで有効性の高いガイドラインといえます。

例えば、1波が延長せず3波が延長したら、5波は延長せずに1波と同程度の波動になることが予想されます。これはのちほど紹介する波の均等性という習性です（148ページ参照）。

図3－1

1波が延長するケース

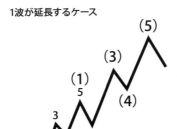

図3－2

3波が延長するケース

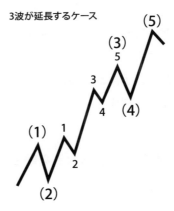

図3－3

5波が延長するケース

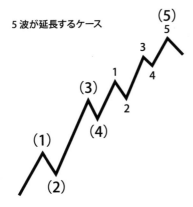

図3－4

どこが延長したかわからず
9波動構成のように見えるケース

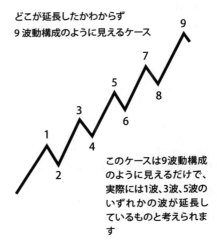

このケースは9波動構成のように見えるだけで、実際には1波、3波、5波のいずれかの波が延長しているものと考えられます

また、１波と３波が延長しなければ５波で延長する可能性があると考えられます。

　延長は１波、３波、５波のどこでも起こりえますが、延長した波の中の副次波が他のアクション波と同じくらい大きくなってしまい、結果的にどの波が延長したか判断できず、あたかも９波動構成のようになってしまうケースもあります（前ページ図３－４）。ただし、こうした場合も、１波、３波、５波のどれかが延長したものであり、全体としては５波構成であると考えられます。


## ２）「３波の３波」は大きな動きになりやすい

　１波、３波、５波の中で最も延長しやすいのは３波です。

　そして、３波が延長するとそのアクション波中の副次波の３波がさらに延長するケースもしばしば見られます（図３－５）。

　インパルスの副次波の中では３波が一番大きな波動になりやすいという習性がありますが、特に３波の中の副次波の３波（３波の３波、the third wave of a third wave）は大きな動きになりやすく、最もトレードチャンスを得やすい波として、エリオティシャンが注目しています（図３－５）。


　３波の次に延長しやすいのは５波です。５波延長という現象は商品相場が強気相場のときによく見られます。

　５波が延長する場合には、その副次波の５波も延長するケースがしばしば見られます（142ページの図３－６）。また、５波の５波の５波がさらに延長する……というように、アンテナペンがどんどん伸びていくように延長していくことがあります。

　波動をカウントしていて、そろそろ５波目も終わりそうだからと判断して見切り発車的に空売りなどをしてしまうと、このアンテナペン

図3-5

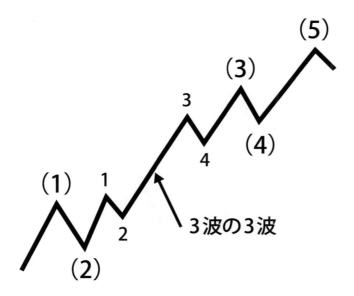

※「3波の3波」はエリオティシャンにとっては格別な収益機会になることが多く、特別な響きのある言葉でもあります。日本のエリオティシャンの一部では「サード・オブ・サード」という呼び名も使われていて、ある程度浸透しています。正確には「the third wave of a third wave」であり、かなり省略された表現で「third of a third」はアメリカでも使われることがあるようです。「サード・オブ・サード」は「third of a third」にかなり近いですが、本書では正確を期すために「3波の3波」や「3-3」という呼び方を使用したいと思います

のような延長の動きに引っ掛かってしまい、大きな失敗につながりかねません。

図3-6 （5）波がアンテナペンのように延長するパターン

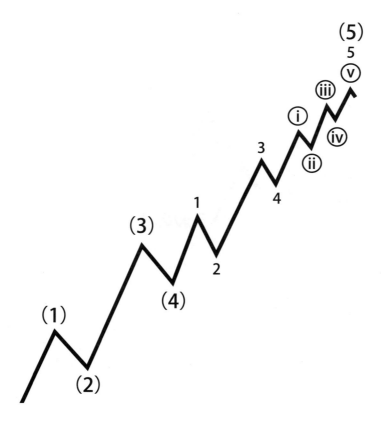

### 3）修正波における延長

　以上のように延長は基本的にはインパルスにおいて見られる現象ですが、ときに、修正波でも延長と思われる現象が見られます。

　トライアングルの場合にはA〜E波のいずれかがトライアングルになることで、結果的に9波動構成のトライアングルのような形になることがあります（108ページ参照）。

　ジグザグの場合、ひとつのジグザグが完成しても修正幅が不十分な場合には、ダブルジグザグやトリプルジグザグという形になり、価格的な修正が進むことがあります（117ページ参照）。

　修正が時間的に足りない場合には、横向きに修正波が連なりダブルスリーやトリプルスリーが形成されます（117ページ参照）。

　これらの現象は、いずれも波の延長の一種と思われます。


### 4）フェイラー（Failure）という現象について

　インパルスでは5波にフェイラーという現象が起きることがあります。

　フェイラーとは、インパルスにおいて副次波の5波の終点が3波の終点を超えられないで終わってしまう現象であり、時々見られます。この現象をトランケーション（Truncation）と呼ぶこともあります。

　フェイラーというのは「失敗する」とか「〜し損なう」という意味ですが、これはまさに、本来超えるべき3波終点を超えることができなかったことを示す名前です。

　フェイラーは基本的に3波が延長するなど大きな値幅になった後の5波で起こりやすい現象です。とりわけ、何らかのショックで3波が大幅な急落になった場合に、5波がフェイラーとなることがよくあり

ます。

　４波が終了したあと、５波動構成の推進波が出現したものの３波の
終点を超えられない場合には、その５波動構成の推進波の完成で５波
目がフェイラーとして完成したのか、５波の副次波の１波目が完成し
たに過ぎないのか、その判断はなかなか難しいところです。

　しかし、３波が延長するなど大きな波になった場合には、５波はし
ばしばフェイラーになりますので、その想定はしておきましょう。

　特に、５波と想定される波が５波動完成したときに１波と同程度の
大きさになった場合には、波の均等性のガイドラインからも、そこで
５波がフェイラーとなって完成した可能性が高くなります。

　５波がフェイラーで完了したのかどうかを完全に確認するには、そ
れに続く波の動きによります。

　４波完了後、最初に５波動構成の波を確認した後、３波動構成の波
による修正をはさんで、前の５波動構成の波の終点を超えてきたら５
波動はまだ継続していると判断できます。

　一方、４波終了後に５波動構成のフェイラーの可能性がある推進波
が出現して、その後、図３－７のように４波終点を割り込む動きになっ
たら、これは「５波がフェイラーで完成して、その後、下降トレンド
に転換した」ということがほぼ確定したといっていいでしょう。


## ５）インパルス以外で見られるフェイラー

　以上のようにフェイラーは基本的にインパルス内の３波が巨大化し
た後の５波で起こるものですが、その他の波でも起こることがありま
す。

　ダイアゴナルの５波でフェイラーが起こることはあまりないといわ
れていますが、５分足や１分足などの株価チャートではしばしばそれ

**144**

図3−7

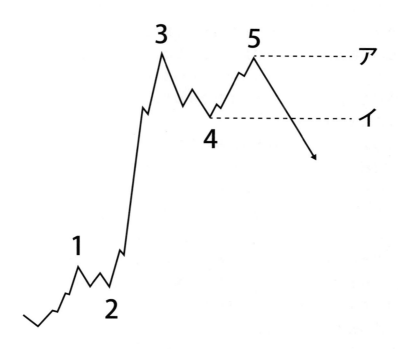

ア：3波が大きな上昇となり、5波と思われる上昇は5波動を描いたうえに、1波と同じくらいの大きさになったので、これでフェイラーで終了の可能性も。しかし、まだ5波の副次波の1波にすぎず、この5波がさらに続く可能性も、この段階では否定できない……
イ：株価がここを割り込んだら、5波がフェイラーであることがほぼ確定

が起こります。

　修正波では、ランニングフラットのＣ波はフェイラーともいうことができる現象だと思われます。ランニングフラットはＢ波までは拡大型フラットと同じ形であり、その時点では「Ｃ波がＢ波よりも大きな波になってＡ波終点を超える」と想定されます。実際に、ランニングフラットより拡大型フラットが出現する頻度がはるかに高いです。しかし、Ｃ波方向に行く力が弱く、それとは逆方向、つまりメジャートレンド（一回り大きな波の方向）の力が強い場合には、Ｃ波終点がＡ波終点を超えることに失敗する形で終わり、ランニングフラットの形になることもあります。

　このように、Ｃ波終点がＡ波終点を超えられずにランニングフラットで終わった場合には、メジャートレンドの推進力が強いと判断され、メジャートレンドにおいて残された（この後に起こると想定される）アクション波が力強いものとなることが想定されます。

　ジグザグのＣ波終点はほとんどのケースでＡ波の終点を超えます。そういう形になることこそジグザグであることの必須条件とさえいえるほどです。しかし、著者の経験では、ごくまれにですがＣ波の終点がＡ波の終点を超えられずに終わるケースも観察されます。

　５－３－５という構成になり、それが修正波と想定される箇所に出現し、それをジグザグと判定する他ないというケースでは、ジグザグのＣ波がフェイラーで終わった形と理解されます。

　ただし、Ｃ波終点がＡ波終点を超えるというのはジグザグという波動のルールといえるほどの要件です。Ｃ波終点がＡ波終点を超えていないのにジグザグと判断するのは「なるべくそうは判断したくないけど……」という苦肉の判断ともいえます。

　こうした場合には、ジグザグと想定した波動がダブルスリーとカウ

ントできないかを考えてみるべきであることは言うまでもありません。

## 第3節
# ガイドライン②　波の均等性

　インパルスの副次波の1波、3波、5波のうち2つについて、波の大きさ、時間的な長さの2つの点でお互いに同程度の波になる傾向があります。

　特に、3つのアクション波のうちのひとつが延長すると、他の2つのアクション波はいっそう均等化しやすくなります。

　また、延長した波以外の2つの波が同じ大きさにならない場合には片方がもう片方の0.618倍ないし1.618倍になりやすい、とされています。

　「波の大きさ」については25ページで述べたように原則として変化率で考えます。しかし、変化率がそれほど大きくない場合には値幅で考えても変化率で考えてもそれほど大きな差は出ないので、簡易的に値幅で考えてもよい、ということがいえます。

　例えば、1波が10％動いて、3波が延長して30％動いたら、5波は1波と同じく10％程度の変化率となることが予想されます。変化率が小さい場合には、値幅で計算しても変化率で計算してもあまり大きな違いは出ませんが、変化率がある程度大きくなってくると、値幅で計算する場合と変化率で計算する場合とでは、ある程度食い違いが出てきますので、なるべく変化率で考えていきます。

148

ここで少し実際の数字を出しながら例を考えてみましょう。

1波が10％の変化率で1000円幅動いて、5波が1万3000円から
スタートして1波と均等になると想定される場合の5波終点の目標値
を考えましょう。

◎1波と同じ変化率10%で計算したケース
1万3000円×1.1＝1万4300円……目標値1

◎1波の0.618倍になるケース（変化率は6.18%となる）
1万3000円×1.0618＝1万3803円……目標値2

◎1波の1.618倍の波になるケース（変化率は16.18%となる）
1万3000円×1.1618＝1万5103円……目標値3

上記のように3つの目標値が出てくることになります。

3つも目標値が計算できるので、1万3803円前後から1万5103円
前後のいずれかの株価になっていれば、「だいたい当たった」という
ことになってしまいます。それではとても「的中した」とはいいがた
いです。

当然ですが、そもそも実際に5波がどこで終わるかについての予測
は難しく100％当たる予測法はありません。

ここで述べた計算方法で求めた目標値も、あくまでもひとつの目安
として考え、チャネリング、比率関係などその他のガイドラインを併
用して、これらのガイドラインのいずれからもそれほど大きく外れな
いシナリオや目標を考えるというのが現実的な方法といえます。

**149**

図3-8

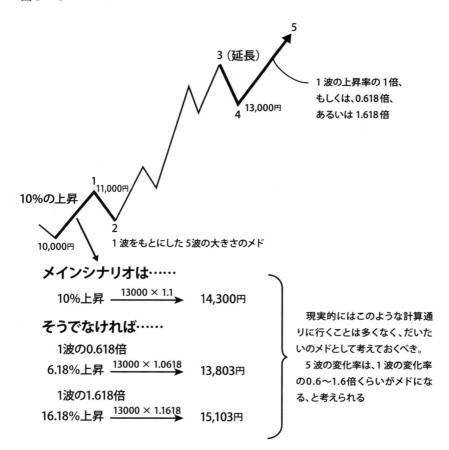

## 第4節

# ガイドライン③　オルタネーション

### 1）オルタネーションとは

　オルタネーションは同じ波の副次波の修正波同士が別の形になりやすいというガイドラインであり、主にインパルス内のオルタネーションとフラット内のオルタネーションが挙げられます。それぞれについて説明します。

### 2）インパルス内のオルタネーション

　インパルスの2波と4波はともに修正波であり、ひとつの大きなトレンドの中の2回目の修正波である4波については、人間の心理としては「また前回と同じような修正波になるのではないか」と考えてしまいがちになります。しかし、実際にはそうした多くの人の予想を裏切って4波は2波とは異なる波形になることが多い、というのがこのガイドラインです。

　一般的にインパルスの2波は比較的大きな変化率の修正（急こう配な修正）になりやすく、波形としてはジグザグになることが多いです。一方、インパルスの4波は横ばいの修正になることが比較的多く、波形としてはフラットやトライアングル、あるいは複合修正波などジグザグ以外の波形になることが2波に比べると多いです。

**151**

エリオットはこうしたオルタネーションという習性は、ほとんど法則（ルール）と言ってもいいくらいのものであると言っていますし、「オルタネーションの法則」という表現を使う人もいます。確かに著者のこれまでの観察でもインパルスの２波と４波は異なる波形になるか、同じ波形でも片方がシンプルな形でもう片方が複雑な形になるなど、見た目の印象が異なるものになりやすいと思います。

しかし、２波、４波とも、同じような形のジグザグになるというようなケースもしばしば見られますので、オルタネーションはやはりルールというよりはガイドラインとするのが適当だと思います。


## 3）フラット内のオルタネーション

フラットはＡ波とＢ波がともに３波構成の同じくらいの大きさの波になることが多いですが、波形は異なる形になることが多いです。

フラットのＡ波とＢ波はジグザグかフラットですが、Ａ波がジグザグならばＢ波はフラット、Ａ波がフラットならＢ波はジグザグになりやすいという習性があります（図３−９）。

また、Ａ波とＢ波が同じ波形の場合でも、Ａ波がシンプルな形で、Ｂ波が複雑な形になる、というようにオルタネーションの性質を発揮することもあります（図３−10）。

図3－9

ジグザグ － フラット － インパルス

フラット － ジグザグ － インパルス

図3－10　フラットのＡ波・Ｂ波がともにジグザグの例

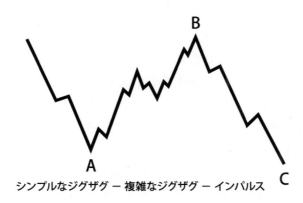
シンプルなジグザグ － 複雑なジグザグ － インパルス

# 第5節

# ガイドライン④　チャネリング

## 1）チャネリング（Channeling）とは

　エリオットは、「インパルスはしばしばきれいなチャネルを形成する」と言っています。

　これは、インパルスの1〜5波の各終点が2本の平行線にきれいに乗る形になる、ということです。

　それをもう少し具体的に表現すると、「インパルスはしばしば、1波終点と3波終点を結んだトレンドラインと、2波終点と4波終点を結んだトレンドラインが平行になってきれいなチャネルを形成し、5波終点は1波終点と3波終点を結んだトレンドライン上にほぼ乗る形になる」ということになります（図3－11）。

　この通りだとすると、3波終了段階で、1波終点と3波終点を結んでトレンドラインを描き、2波終点からそれと平行な線を引けば、4波終点と5波終点はだいたい想定できるということになります。

　ただし、4波終点と想定されるポイントができても、それが1波終点と3波終点のトレンドラインと平行な線上にない場合も多々あります。その場合には、2波終点と4波終点を結んでトレンドラインを作り、それと平行な線を3波終点から引いて新たなチャネルを作ってみます。5波終点の位置がどこになるかは、その3波から延びたライン上がひとつのメドになります（図3－12）。

**154**

図3－11

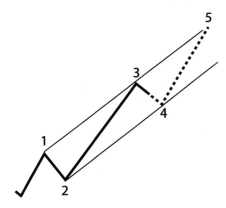

チャネリングのガイドラインが当てはまるとすると、3波まで完了した後、4波、5波は点線のように推移すると想定される

図3－12

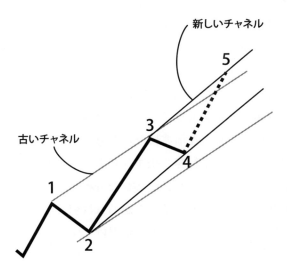

## ２）スローオーバー（Throw-over）

　インパルスの副次波５波が終了するメドはチャネルラインがひとつの候補になりますが、実際にはチャネルラインに達せずに終わることもありますし、逆にチャネルラインを超えて終わることもあります。５波がチャネルラインを超えていくことをスローオーバーといいます。

　５波がチャネルラインに達しないで終わるか、スローオーバーするかについては、いくつか前兆があるとプレクターの本では解説されています。

　そのひとつは出来高による前兆です。チャネルラインが近づくにつれて出来高が減少すれば、チャネルラインに達せずに５波が終わる可能性が高く、チャネルラインに近づくにつれ出来高が増加するとスローオーバーする可能性が高まる、ということです。


　もうひとつの前兆は４波の動きです。

　具体的には、"４波終点がチャネルラインを超える動き（図３－13では下値ラインを下回る動き）"が５波のスローオーバーする前兆になると考えられます。

　特に、図３－13のように、４波終点が一時的にトレンドラインを割った後、急速にトレンドラインに戻す動きになると、それは５波がスローオーバーする有力な前兆になると考えられます。

　トレンドラインは、平行線で挟まれたチャネルだけでなく、ダイアゴナルやトライアングルでも必ず必要な分析ツールです。

　トレンドラインは２つのポイントがあれば引けますし、４つのポイントがあれば２本のトレンドラインが引けます。

　２本のトレンドラインが平行ならチャネルになりますし、２本のトレンドラインが上下同じ方向ならダイアゴナル、２本の線が逆方向な

図3－13

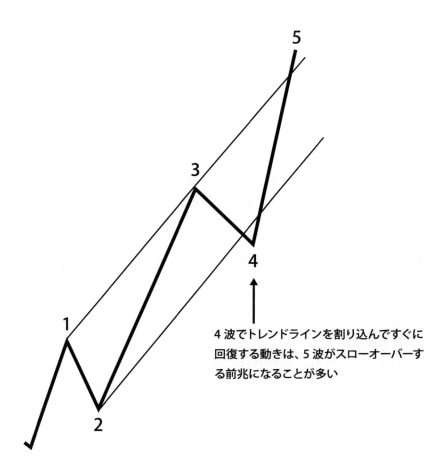

4波でトレンドラインを割り込んですぐに回復する動きは、5波がスローオーバーする前兆になることが多い

らトライアングルということになります。もちろん、2本の線の間隔が拡大していくようなら拡大型ダイアゴナルや拡大型トライアングルということになります。

　いずれの場合でも、5波終点やE波終点の水準の目安は、1波終点と3波終点を結んだ線やA波とC波を結んだ線になります。そして、5波やE波の終点はトレンドラインに達しないこともあるし、スローオーバーすることもあります。

　ダイアゴナルでもトライアングルでも収縮型のケース（拡大型ではないケース）ではスローオーバーはしばしば起こりますが、これはいかにもスローオーバーした方向にトレンドがスタートしたように見せかけて、その後、その逆のトレンドがスタートするという極めてトリッキーな動きであり、投資家を欺くような動きといえます。

## 3）2つのディグリーのチャネルでトレンド転換を探る

　図3－14はプライマリー⑤波と、そのプライマリー⑤波の副次波であるインターミーディエット（5）波が同時にチャネルラインに到達しています。

　このように2つのディグリーの5波が同時にチャネルラインに達する場合には、そこでプライマリー⑤波もインターミーディエット（5）波も完成して、トレンドが転換する可能性がいっそう高くなる、ということです。

　図3－15はプライマリー⑤波がスローオーバーしていますが、このプライマリー⑤波のインターミーディエット（5）波がチャネルラインに到達しています。こうしたケースもこれでプライマリー⑤波、インターミーディエット（5）波ともに完成してトレンドが転換する可能性が高くなると考えられる、と言われています。

158

図3−14

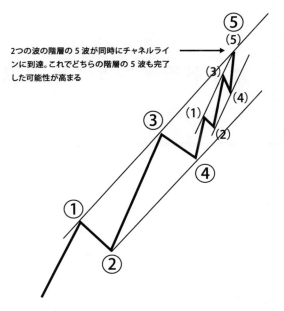

2つの波の階層の5波が同時にチャネルラインに到達。これでどちらの階層の5波も完了した可能性が高まる

図3−15

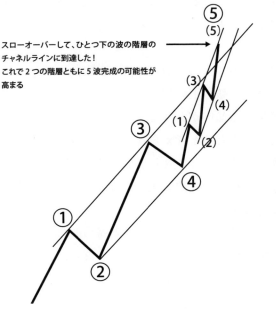

スローオーバーして、ひとつ下の波の階層のチャネルラインに到達した！
これで2つの階層ともに5波完成の可能性が高まる

## 第6節

# ガイドライン⑤　出来高

　出来高も波動の判断に役立つことがあります。これについてはエリオットが自身の観察によりいくつかのポイントを挙げています。

　ひとつ目は修正局面における出来高の特徴ですが、一般的に修正局面における出来高は時間とともに減る傾向があり、出来高が最低水準となった地点が修正の完了地点となることが多いということです。出来高の最低水準がどこかはリアルタイムでは判断できませんが、修正局面で出来高がかなり細ってきた場合には、そろそろ修正完了が近いというサインのひとつと考えられる、ということです（図3－16）。

　2つ目はインパルスの3波と5波の出来高の変化についての特徴です。プライマリー級以上の波については、一般的に3波よりも5波の出来高が増加する傾向があります。長い時間軸の中では相場参加者が増加トレンドをたどると考えられ、出来高は必然的に増えていくと考えられるからです。それに対してプライマリーより小さな階層の波動については、一般的に3波に比べて5波は出来高が減少する傾向があるということです（図3－17）。

　しかし、プライマリーより小さい階層の波のケースで、もし5波の出来高が3波と同じくらいか上回るようなら、5波が延長する可能性が高い、ということです（図3－18）。

160

図3－16

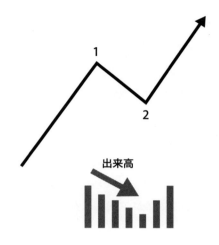

図3－17　プライマリーより小さな階層の波の出来高　その1

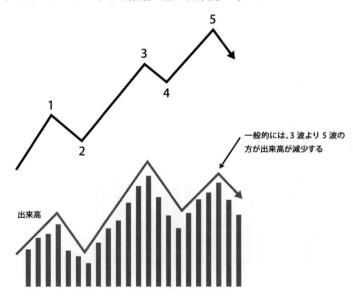

この図では1～5の各波がプライマリーより小さな階層

出来高に関する３つ目のガイドラインは156ページですでに述べましたが、インパルスの５波がチャネルラインに近づくときに、出来高が減少するか増加するかで５波の終点がある程度判断できる、というものです。インパルス５波がチャネルラインに近づくときに出来高が減れば、５波はチャネルラインに達せずに完成する可能性が高く、出来高が増えれば、スローオーバーする可能性が高い、ということです。

　出来高に関する４つ目のガイドラインは、「小さな階層のエンディングダイアゴナルでは波が進行するにつれ出来高が減少するが、スローオーバーするときには出来高が急増し、価格が突出高あるいは突出安する」というものです。

図３－18　プライマリーより小さな階層の波の出来高　その２

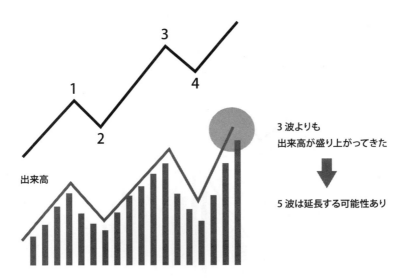

## 第7節
# ガイドライン⑥　比率関係

### 1）比率関係とは

　同じ波の副次波同士、特にアクション波同士がフィボナッチ比率の関係になりやすい、というのがこの比率関係のガイドラインです。

　フィボナッチ数列やフィボナッチ比率は自然界の成長や生成のプロセスでそれらが現れやすいといわれています（第7章で詳しく説明します）。そして、エリオットはフィボナッチ数列やフィボナッチ比率がエリオット波動理論とも関係が深いのではないかと考えて研究をし、プレクターなどの後継者たちがその研究を引き継ぎ、比率関係をガイドラインとしてまとめました。

　フィボナッチ比率というのはフィボナッチ数列の数字同士の比率のことです。フィボナッチ数列の隣同士の数字で小さいほうを大きいほうで割った比率が 0.618、大きいほうを小さいほうで割った比率が 1.618 であり、この2つが最も基本的で重要なフィボナッチ比率と言われています。株価形成でもこの2つの比率がよく現れるのではないかというアイデアがこの比率関係の中心的なコンセプトとなっています（※フィボナッチ数列の隣り合う数字同士の比率は正確に 0.618、1.618 になるわけではありませんが、数列が進むに従ってこれらの比率に収れんしていきます。この収れんしていく数字をフィボナッチ比率と呼んでいます。詳細は第7章で）。

163

また、2つ離れたフィボナッチ数同士の比率は2.618あるいは0.382、3つ離れた数同士の比率は4.236あるいは0.236という比率に収れんします。これらの比率もフィボナッチ比率です。他にもフィボナッチ比率はたくさんありますが、以上に紹介したものが主なものであり、エリオット波動分析で比較的よく使われるものです。

　フィボナッチ比率同士の関係としては以下のことを念頭に置いておきましょう。

　まず、1.618 × 0.618 = 1になります。フィボナッチ比率の前後の数で、後の数から前の数を割ったものが1.618、前の数から後の数を割ったものが0.618ですから、当然、このような関係になります。

　そして、0.618 ÷ 0.382 = 1.618、あるいは、0.382 ÷ 0.618 = 0.618となります。さらに、0.618 + 0.382 = 1となります。

　1.618、0.618と並んで、0.382も重要なフィボナッチ比率であり、これら3つの比率は上記のような関係にありますのでよく覚えておきましょう。

　これらを含めてフィボナッチ数列やフィボナッチ比率に関するさまざまな性質は7章で説明します。

　なお、0.764、0.786、1.236、1.382、3.618などをフィボナッチ比率として解説しているテキストやレポートなどがありますが、これらは明らかに間違いです。この点も第7章で詳しく説明します。


## 2）比率関係のガイドラインは本当に当たるのか？

　このあと具体的に述べていきますが、比率関係のガイドラインには多くの項目があり、いずれも後から起きる波の大きさの想定を前の波の大きさから計算できる形になっています。そのため、予測ツールとして非常に便利に感じられるところですし、投資家から関心を持たれ

図３－19

| フィボナッチ比率とは…… フィボナッチ数どうしの比率 | |
| --- | --- |
| 最重要なフィボナッチ比率 | 0.382、0.618、1.618 |
| その他の主なフィボナッチ比率 | 0.236、2.618、4.236 |
| ※フィボナッチ比率でないもの…… | 0.764、0.786、1.236、1.382、3.618 |

なお、フィボナッチ数どうしの関係の主なものは以下になります。

① 0.618 × 1.618 ＝ 1

② 0.618 ÷ 0.382 ＝ 1.618

　あるいは 0.382 ÷ 0.618 ＝ 0.618

　つまり、0.382：0.618 ＝ 1：1.618 ＝ 0.618：1

③ 0.382 ＋ 0.618 ＝ 1

やすいところです。

　しかし、最初に断っておかなければなりませんが、実は今から紹介する比率関係がきれいに相場に現れることはそれほど多くありません。プレクターの本の比率関係のガイドラインの記述では「しばしば（often）」という表現がよく使われますが、実際相場を観察してみると本当にそのような頻度で比率関係のガイドラインが現れるとは思えません。

　では、なぜ比率関係のガイドラインを本書でも扱うかというと、現実には正確には当てはまらないとしても、以下の点ではある程度参考になるものだと思われるからです。

---

　①波動の終点のだいたいのメドを考えるのにはある程度参考
　　になる
　②波形の美しさを判断するときに手がかりのひとつになる
　　（波の全体のバランスを見るという意味で）

---

　実際に波動のカウントをするときに、自分がインパルスと判断した部分が本当にインパルスで正解なのかどうかは、その波形の美しさである程度判断できます。

　波形の美しさを判断する重要な基準は全体のバランスであり、172ページで紹介するガイドラインのようにインパルス全体を4波終点で0.618対0.382（あるいは0.382対0.618）に近い比率で分けられれば、それはバランス的に美しいと言えますし、そのカウントや波形の判断が正しい可能性が高まる、ということが言えます（※この比は7章でも説明しますが、黄金比とも言われて、非常に見た目にもきれいで自

然界でもよく出現し、建造物などでも古代からよく使われてきた比率と言われているのです)。

逆に、あまりにも比率関係のガイドラインからかけ離れたバランスの場合には、波形としてきれいではなく、波形の判断が誤りである可能性が高くなると言えます。

### 3) 比率関係のガイドラインは研究途上のガイドライン

比率関係のガイドラインについてもうひとつ言えることは、それがまだ研究途上のガイドラインであるということです。つまり、まだいろいろな仮説が出されているところで、どれがどの程度有効なのか、どういうときに有効で、どういうときに有効でないのか、ということの整理がついていないということです。

「まだ仮説段階であり、検証や研究が必要」という点についてはエリオット波動理論全体についても言えることですが、比率関係のガイドラインについては仮説としての色合いが特に強く、今後の検証・研究が必要であるテーマです。

プレクターの本の中でも、「フィボナッチ比率関係の分析からは多く学ぶことができ、将来の研究者がそこから有効な知見やノウハウを引き出す可能性があるのでここでそれを紹介する価値がある」ということを述べています。

さらに、プレクターは、エリオット波動分析では比率関係の分析よりも波形の分析を重視するべきであるということ、そして、比率関係については今後研究を重ねていくべき課題である、ということを強調しています。

エリオティシャン（エリオット波動分析家）にはえてして、<u>たまた</u>

**167**

まフィボナッチ比率がきれいに当てはまった例だけを取り上げて比率関係のガイドラインを正当化してみせようとする傾向が見受けられます。そうした例は非常に鮮やかに見えて、エリオット波動分析の有効性をアピールできるからです。

　しかし、実際にこの分析法を使ってトレードや投資をして成果を上げようとする実践家にとっては、たまたま当たった事例でこの分析法の有効性をアピールすることよりも、どの部分が使えて、どの部分が使えないのかということを正当に評価するほうが大切です。

　そうした意味で私たちにとって大切なのは、まず、比率関係についてはどのようなガイドラインが仮説として出されているのかを整理すること、そして、これらのガイドラインのどの部分の有効性が高く、どの部分の有効性が低いのか、どういうときに有効で、どういうときに有効でないのか、このガイドラインをどのように使っていったら高い有効性が得られるのか、ということについて研究と実践的ノウハウを積み重ねていくことです。

　このあたりの研究についても、日本エリオット波動研究所の今後の課題としたいと思いますし、公式サイトなどで随時成果を発表していきたいと思います。

　そうしたことを踏まえて、本書ではとりあえず、現状としてプレクターの本などで比率関係のガイドラインとして紹介されている項目を整理していきたいと思います。

　あくまでも検証途上で完成途上のガイドラインであるという点を踏まえて読んでいただければと思います。

## 4) 多岐にわたる比率関係のガイドライン

比率関係のガイドラインにはいろいろな内容が含まれていますが、主に3つに大別できます。

①アクション波同士の比率関係
②インパルスが4波で分割されたときの比率関係
③修正波の深さの比率関係

このうち③については修正の深さのガイドラインと関係が深いので、主に修正波の深さのガイドラインの節の中で述べたいと思います。ここでは主に①と②の比率関係について説明していきます。

まず、「アクション波同士の比率関係」について見ていきましょう。同じインパルスでも1波、3波、5波の比率はさまざまで、結果的に多様な形が発生します。特にどの波が延長するのかによって比率関係が変わりますので、ケースごとに比率関係のガイドラインがあります。

## 5) 3波が延長するケースの比率関係

まず最も一般的な「3波が延長するケース」の比率関係を見ていきたいと思います。3波が延長する場合には、以下のようになるのがこのガイドラインの内容です。

> 3波の大きさのメドは1波の1.618倍か、別のフィボナッチ比率である2.618倍、それを超えると4.236倍になる

つまり、3波の第1のメドは1波の1.618倍、第2のメドは2.618倍、第3のメドは4.236倍、ということです。例えば、1波が10％の上昇なら、3波の上昇メドは以下のようになります。

第1のメド　10％×1.618倍＝16.18％、あるいは1.1618倍
第2のメド　10％×2.618倍＝26.18％、あるいは1.2618倍
第3のメド　10％×4.236倍＝42.36％、あるいは1.4236倍

※ここで「波の大きさ」とは価格変動の値幅ではなく、変化率のことを指します。つまり、「大きさ」とはログスケール（対数の線分図）上の長さのことになります。詳しくは26ページを見てください。

5波については、波の均等性のガイドラインにより、3波が延長している場合には1波と同じ大きさになるというのが第1のメドになります。そうでない場合には、5波の大きさは1波の大きさの0.618倍か1.618倍がメドになるということでした。

1波の上昇率が10％なら5波の上昇率は10％がメドになり、そうでなければ6.18％か16.18％がメドになるということです。

また、2波や4波の修正の深さのメドについては180ページで説明する「修正波の深さのガイドライン」によると、2波は1波の大きさの0.618倍か0.5倍、4波は3波の0.382倍というのがひとつのメドとなります。

以上から、3波が延長する場合の比率関係のガイドラインを当てはめた典型的なインパルスのイメージは図3－20のような形になります（※）。

※ただし、この修正波の深さに関する比率関係のガイドラインは、アクション波どうしの比率関係のガイドラインよりは現実には当てはまりづらい、

ということがプレクターの本では述べられています。
　実際に、2波が1波を何%リトレースするかはさまざまです。61.8%よりも大きいケースもあるし、かなりリトレースの率が低くて38.2%、23.6%くらいになることもあります。4波についても同様です。
　ですから、修正の深さの比率に関するガイドラインは特に、あくまでもひとつの目安として柔軟に考えていくことが必要だと思われます。

図3－20
3波延長の場合の、比率関係のガイドラインを当てはめたインパルスのイメージ

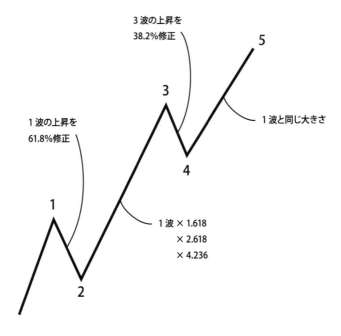

## 6）5波延長、1波延長の場合の比率関係のガイドライン

　インパルスの5波が延長するケースでは、5波の大きさは、1波始点から3波終点までの大きさの1.618倍がメドになる、ということです（図3－21）。

　また、1波が延長する場合には、2波終点から5波終点までの大きさは1波の大きさの0.618倍がメドになる、ということです（図3－22）。

---

　※1波が延長する場合には、2波のリトレースが61.8％になると、この図3－22で示したガイドラインが成り立たなくなります。このガイドラインが成り立つためには、2波のリトレースはガイドラインで示されている61.8％よりもかなり小さくなる必要があります。そうした意味でプレクターの本で示されているガイドラインはまだ検証が不十分で矛盾を秘めている面がありますし、ケースバイケースで柔軟に使っていく必要があるとも言えます。

---

## 7）インパルス全体は4波で黄金比に分割できる

　3波が延長するケース、5波が延長するケース、1波が延長するケースに分けて比率関係のガイドラインを見てきましたが、その他にプレクターは175ページの図3－23のように、「インパルス全体は4波で黄金比に分解できる」という比率関係のガイドラインを示しています。

　この比率関係は1波が延長しないという前提で、5波が延長しないケースと5波が延長するケースに分けて示されています。

　黄金比というのはフィボナッチ比率のうち、0.382：0.618あるいは1：1.618という比のことです。

　「4波で分割できる」というのはとてもあいまいな表現ですが、基

図3－21

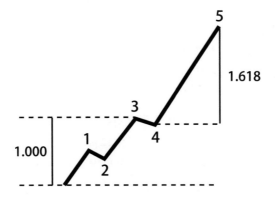

図3－22

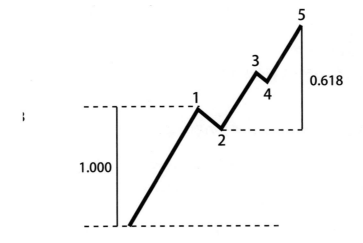

173

本的には4波終点が分割点になります。しかし、この分割点はハッキリ決められるものでなく、4波始点と4波終点の範囲で変化する、ということをプレクターは言っています。つまり、インパルスは4波の始点から終点の範囲のどこかが分岐点となって黄金比に分割される傾向がある、ということを言っているわけです。

このくらい幅のあるガイドラインなら、これまで紹介してきた比率関係のガイドラインともあまり矛盾せずに併用できると思います。

374ページでも述べますが、黄金比とはとてもバランスよくきれいに見える比率だと言われています。インパルスの形状のバランスを判断するのにも、4波の終点でおおよそ黄金比に近い比率で分割できるか、それがダメなら4波のどこかの地点で黄金比に近い比率で分割できるかを意識してみるといいでしょう。波形の判断における決定的なポイントにはなりませんがひとつの判断材料になると思われます。

さて、以上ではインパルス内のアクション波同士の比率関係について述べてきました。

修正波内のアクション波同士にも比率関係のガイドラインがありますので、次はそれを紹介していきます。

## 8）ジグザグ、ダブルジグザグの副次波の比率関係

ジグザグのA波とC波の比率関係については、C波の大きさはA波の大きさの1倍がメド、そうでない場合には0.618倍か1.618倍がメド、ということです。

ダブルジグザグの最初のシグザグと2番目のジグザグも同様の関係になります（図3－24）。

図3−23

1波が延長せず、
5波が延長しないケース

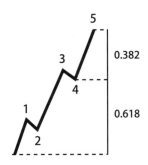

1波が延長せず、
5波が延長するケース

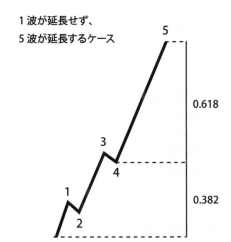

図3−24

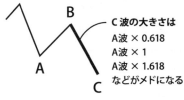

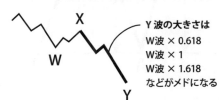

## 9）エクスパンデッドフラットの副次波の比率関係

　エクスパンデッドフラットの副次波の比率関係については、ガイドラインによると「B波はA波の1.236倍や1.382倍がメドに、C波はA波の1.618倍や2.618倍がメドになる」ということです（図3－25）。

> ※164ページでも述べたように、0.236や0.382はフィボナッチ比率ですが、1.236や1.382はフィボナッチ比率ではありません。このガイドラインを本で紹介しているプレクターは、B波はA波よりフィボナッチ比率である0.236倍あるいは0.382倍だけ長くなるというように解釈しているようです。

図3－25　エクスパンデッドフラットのB波とC波のメド

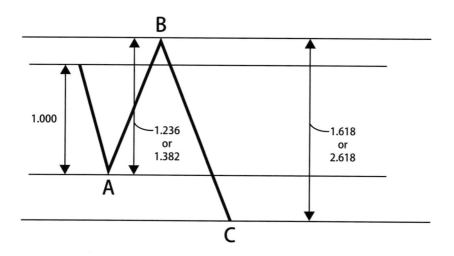

### 10) トライアングルの副次波の比率関係

　トライアングルの副次波の大きさについては、ガイドラインによると、「Ｃ波はＡ波の0.618倍、Ｅ波はＣ波の0.618倍がメドになりやすい」「Ｄ波はＢ波の0.618倍がメドになりやすい」、あるいは「そのうちのどれかが当てはまる」ということです。なお、拡大型の場合は、この比率が1.618倍になります（図3－26）。

図3－26　トライアングルのＣ波、Ｄ波、Ｅ波のメド

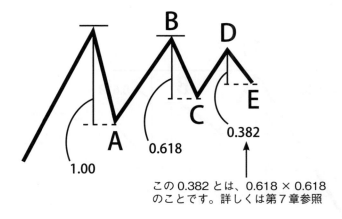

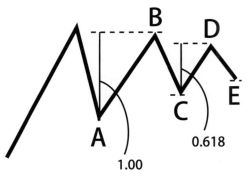

## 11）比率関係が重なる地点は相場の転換点になりやすい

　比率関係のガイドラインはすでに述べたようにまだ検証・研究途上であり、その信頼性はあまり高くないといえますが、経験上、比率関係が複数重なる地点は転換点になる確率が高まると考えらます。
　例えば、図３−27の（２）−Ｃの終点と想定しているポイントは２つの比率関係が重なることから、転換点となる可能性が高いと考えられます。

図３− 27

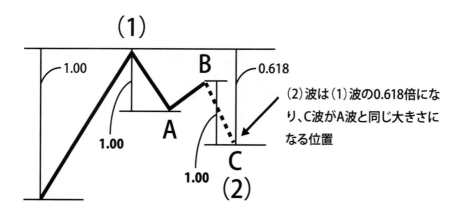

## 12) 改めて比率関係のガイドラインの使い方について

　以上紹介したように比率関係のガイドラインはとても興味深いものがたくさんあり、魅力的に感じます。

　しかし、この比率関係のガイドラインは仮説としての色合いが強く、このまま実践して使ってもズバリ的中するということはあまりない、ということを思い出してください。あくまでも、判断材料のひとつとして、他のガイドラインと合わせて使うべきです。

　また、ひとつの波のすべての副次波に各波の比率関係のガイドラインを当てはめようとしても、それはかえって非現実的になってしまうことが多いです。というのは、すべての波にこの比率関係のガイドラインを当てはめても、比率関係のガイドライン全体が決して整合性の取れた形にはなっていないからです。例えば、173ページで紹介した1波延長のインパルスのケースで2波以降に各波のガイドラインを当てはめていくと、インパルスとして成立しなくなるという例を見ました。

　比率関係のガイドラインは、あくまで、ひとつひとつの波についての判断材料であり、波ごとに当てはまったり、当てはまらなかったりするような緩いガイドラインだということであり、基本的にはそのようなスタンスでこのガイドラインと付き合っていくべきだといえます。

　比率関係のガイドライン自体は、それを実際にどう使ったらいいのかということは大変興味深いテーマですし、当研究所が今後も継続して研究していこうと思っているテーマでもあります。

## 第8節
# ガイドライン⑦　修正波の深さ

### 1）修正波の深さ（Depth of Corrective Waves）とは

　これは主に、インパルスの4波の修正が水準的にどこまで進むかということに関してのガイドラインです。「4波による修正波の深さはその前の波である3波の副次波の4波の範囲で、最も一般的には副次波の4波の終点近辺になる」というものです。

　なお、「4波の範囲」というのは、4波の始点から終点までの範囲、ということです。

　2波による修正はその前の波である1波の副次波の4波を超えて、副次波2波の終点近くまで調整してしまうこともしばしばあります。

　しかし、4波として出現する修正波については、その前の波である3波の副次波の4波の終点［図3-28では（3）波の副次波の4波］がメドになります。この法則は著者の経験からしてもかなりよく当てはまりますし、押し目買いや戻り売りのメドとして有効性が高いと言えると思います。

> ※日本のエリオティシャンの間で、このガイドラインは「レッサーディグリー4波」と呼ばれるケースがあり、この呼び名はある程度浸透していま

図3 − 28

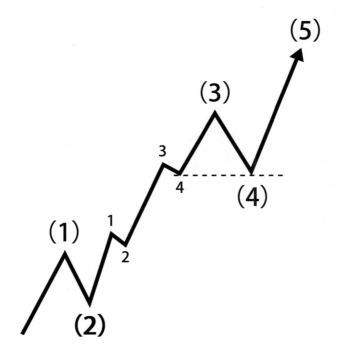

す。レッサーディグリーには「ひとつ小さな段階の」という意味がありますが、前の波のひとつ小さな段階の波の４波（副次波の４波）が修正の水準的なメドになるということで、このように呼んでいるようです。ただし、英語での正確な表現は the previous fourth wave of one lesser degree であり、省略するなら「プリービアス４波」（前の波の４波）のほうが適当であるように思われます。

## ２）５波が延長した場合、それに続く修正のメド

　このガイドラインには派生したガイドラインがあります。それは、「５波が延長した場合、それに続く修正のメドは延長波の副次波２波終点近辺になる」というものです。

　図３－29は（５）波が延長しているケースです。この場合、この延長した（５）波の副次波の２波終点が修正の株価的なメドになるということです。この図を見ていただくとわかるように、（５）波が延長した場合の２波終点というのは、（４）波の始点から終点の範囲か、それの近くの水準に位置する可能性が高いです。ですから、このガイドラインは、先に述べた「その前の波の副次波の４波の範囲」というメドとほぼ同じことを言っていることになります。

　このケースのリトレースには図３－29のように主に２つのパターンが考えられます。リトレースのパターン１は、修正波の終点である（Ｃ）波終点のメドが（５）波の２波終点付近になる、というものです。

　リトレースのパターン２は、修正波が（Ａ）－（Ｂ）－（Ｃ）と展開する中で、(Ａ)波終点のメドが（５）波の２波の終点付近になり、修正波の終点である(Ｃ)波終点のメドが（４）波終点付近となる、というものです。

図3－29　延長した（5）波に続く修正波の2つのシナリオ

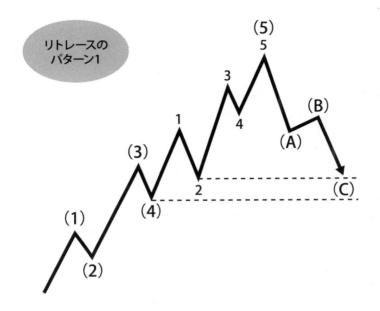

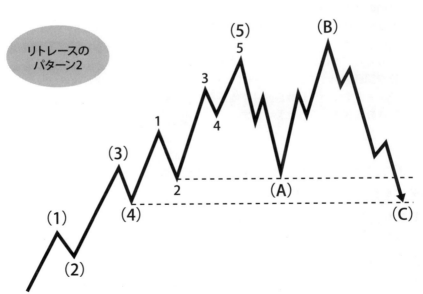

### 3）修正波の深さ（リトレース）の比率関係のガイドライン

　前のアクション波に対して修正がどのくらい進むか（どのくらいリトレースするか）については、比率関係のガイドラインも示されています。

　インパルスの2波については、1波の値幅の61.8％か50％、インパルスの4波については3波の値幅の38.2％というのがリトレースのメドとされています。

※この修正の比率関係のガイドラインについては、本来は対数目盛り（ログスケール）で示した価格の線分上で考えるべきものだと思われます。対数目盛りというのは、26ページで説明したように変化率を長さとして示したものです。

　ただし、170ページの注意書きでも述べたように、修正の比率関係のガイドラインはもともと厳密なものでなく、あくまでも目安として見ていくものですし、変化率が何倍にも及ぶものでない限り、通常のトレードでは前の波の値幅に対する率で考えてもよいのではないかと思われます。例えば、「2波によるリトレースのメドは1波の値幅の61.8％ないし50％」というように、です。

　しかし、変化率が数倍にも及ぶような価格変動の株価チャートで修正の比率関係のガイドラインを当てはめるときには、やはり片対数目盛りのチャートを使い、対数目盛りで価格を示した線分上の長さにこの比率を当てはめるべきだろうと思います。

　また、ジグザグのB波や複合修正波（ダブルスリー、トリプルスリー、ダブルジグザグ、トリプルジグザグ）のX波もインパルスの2波に準じたリトレースの比率がメドになるとされています。

　ただし、これらの比率はあくまでもメドに過ぎず、現実にはケースごとにかなりバラバラなリトレース率になります。ですから、このリトレースの比率のガイドラインについては特に他のガイドラインの項

目も参照しながら、あわせて波動の判断をしていく必要があります(図3 − 30)。

図3 − 30

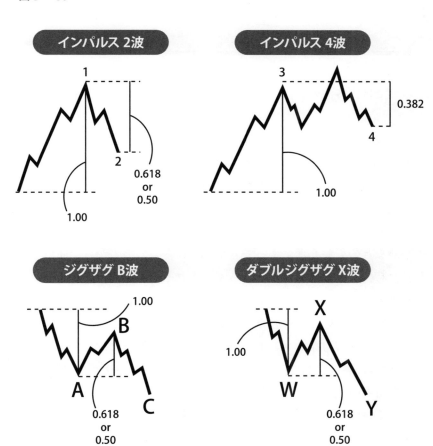

# 第9節
# ガイドライン⑧　波の個性

　本節では、各波の個性（Wave Personality）について解説します。

　推進波の１波〜５波、修正波のＡ波〜Ｃ波、さらにトライアングルの場合はＤ波とＥ波という各波には、それぞれの個性があり、その個性が具体的にどのようなものかについて、エリオットやその後継者たちの観察による結論がガイドラインとしてまとめられています。

　それぞれの波の個性は、相場に参加する人たちが各局面で抱く悲観や楽観などの群集心理によってもたらされるものですから、面白いことに、時代や波の段階にかかわらず、それぞれの波の個性が繰り返し現れます。その結果、同じような波形が繰り返し出現します。

　波動についていくつかのカウントがあり得るとき、波の個性に照らすことでより有力なカウントがどちらなのかの判断に役立ちます。

　以下では、各波の個性について紹介していきます。株価の波動には、大きな階層の波から小さい階層の波まで、波の階層を問わずによく当てはまる特徴があり、それらがまとめられてガイドラインとされています。

　以下では上昇トレンドにおける推進波とそれに続く修正波の各波を想定して記述します。それと反対に下降トレンドにおける推進波とそれに続く修正波の各波については、すべて上下の方向を逆にして考えていただければと思います。

## ◆1波

　1波は投資家の大半が「まだ下降トレンドが続いている」と信じている中で起こる波で、ファンダメンタルズ的にも悪材料が続いている状況の中で「一時的な上昇に過ぎず、どうせまた下落トレンドに戻るだろう」という投資家たちの弱気が続く中で起きる波です。多くの投資家が「戻り売り」スタンスを取ります。

　上昇が本格化する前の「土台作り」ともいえる波でありますが、2波によって大きく修正されてしまうことも多いです。

　しかし、直前の下降波動の中の修正波による上昇に比べると、出来高が増加したり、上昇銘柄数が多くなったりというように、全体的なトレンド転換の兆候もちらほら見られます。

　また、直前の下落波動が非常に大きな急落の場合や、大きな下落の後のフェイラーの場合などは、その後のこの1波の上昇はいきなりダイナミックで本格的な波になることもあります。

　急落の後に上昇転換して最初に出現する1波の場合は、下げすぎの反動や溜まっていた空売りの買い戻しなども上昇に弾みをつけるという面もあると思われます。

　急落の後のフェイラーに続く上昇転換直後の1波の場合には、フェイラーの波が安値更新しなかったことで投資家の間で底打ち感が強まるとともに安心感も広まり、上昇相場に参加する投資家が増えることによってダイナミックな上昇になることがあるのだと思われます。

　このように、フェイラーの波が本格的な上昇波動開始の土台作りの役割をしている面もあると思われます。


## ◆2波

　投資家の間ではまだ弱気な見方をしている人が多く、2波の動きによる下落に入ると「また安値を更新してしまうのではないか」という恐怖心が投資家の間で広まります。

その結果、2波は価格的に深い修正になりやすく、場合によっては1波による上昇幅のほとんどを打ち消すような修正になることもあります。波形としてはジグザグによる比較的急こう配な修正波になりやすいです。

◆3波

通常、1波、3波、5波というアクション波の中で一番力強く、一番大きな規模になることが多く、最も延長することが多い波でもあります。

ギャップを伴う上昇、大きな出来高、ダウ理論によるトレンドの確認など、テクニカル的に上昇トレンドを確認するさまざまなサインがそろい、ファンダメンタルズ的な裏付けも増えて、誰の目にも上昇トレンドを疑う余地のないものになります。

個別銘柄もほとんどすべてが上昇し、投資家やトレーダーにとってはトレンドに乗って利益を狙いやすい局面です。特に、「3波の副次波の3波」（the third wave of a third wave）は最も大きな動きになりやすく、投資家にとって最大の注目の局面となることが多いです。

◆4波

4波は横ばいの修正波になりやすく、波形としてはフラット、トライアングル、複合修正波などに比較的なりやすいです。ジグザグになることも多いですが、2波に比べるとその確率は低いです。

オルタネーションの習性によって2波とは異なる波形になりやすいです。修正が終了する水準は3波の副次波4波の始点から終点までの範囲、特に4波の終点が有力なメドになります。

4波はしばしば複雑化、長期化します。その場合には「ジグザグで修正完了かと思ったらフラットを形成する途中だった」とか、「フラットが完成したと思ったらダブルスリーを形成する途中だった」という

ように、かなりしつこく、複雑に展開していくというパターンになります。そうした意味でリアルタイムでの波形特定が一段と難しくなりがちな波といえます。

## ◆5波

　5波の上昇局面は投資家心理がかなり強気に傾きやすくなります。1波以降上昇相場が続いてきて、「株価が下がっても待っていればそのうち高値更新する」「とにかく買えるだけ株を買って持っているのがいい」という安易な強気に多くの投資家が陥りやすくなります。しかし、実際の相場の動きは投資家の期待よりも弱くてじれったい動きになりがちであり、個別銘柄によっては一足早く下げトレンド入りしてしまうものも増えてきます。

　3波が延長した場合、5波は1波と同程度の大きさになりやすく、3波がかなり大きくなった場合には5波はフェイラーすることもあります。

　1波も3波も延長しない場合、5波が延長することがあります。その場合に、5波の副次波の5波がさらに延長し、その副次波の5波がさらに延長し……というようにアンテナペンの先が延びるようにグングン延びていくこともあります。

　出来高は、プライマリー段階以上の連続した波では一般的に5波で最大になる傾向があるようです。しかし、それよりも小さな階層では一般的に5波の出来高は3波の出来高よりも減少し、もし5波の出来高が3波を超えるとしたら5波が延長する可能性が高い、ということです。

## ◆A波

　一般的に下落波動としてのA波の局面では投資家心理はまだ楽観が大勢を占めていて多くの投資家は「上昇トレンド内の単なる修正」に

過ぎないと考えています。

　景気指標や企業業績などファンダメンタルズ面でも好材料が続いて出てくることが多く、株価下落によって割安局面あるいは押し目買い局面と判断して買いに走る投資家が多く存在する状況です。

　しかし、５波がダイアゴナル、フェイラー、延長など天井を示唆する形を形成してから下落し始めた場合、それは下降トレンドの最初のＡ波に突入した可能性が濃厚となります。


　Ａ波は３波動で終わるケースと５波動を形成するケースがあります。

　Ａ波がジグザグやフラットなどの３波動で終わる場合には、Ａ－Ｂ－Ｃ全体はフラットになるか、Ａ－Ｂ－Ｃ－Ｄ－Ｅと５波動のトライアングルになる可能性が考えられます。複合修正波などになる可能性も考えられます。

　Ａ波が５波動の場合には、Ｂ波が３波動、Ｃ波が５波動というＡ－Ｂ－Ｃ全体としてはジグザグになるシナリオが考えられます。


## ◆Ｂ波

　Ｂは「まやかしの波」と言われています。投資家に判定を誤らせるような性質を強く持っているからです。

　例えば、Ｂ波が上昇波動の場合、多くの投資家は「修正局面が終わって、上昇トレンドが再開した！」と思ってしまいます。

　多くの投資家はＡ波の下落局面でも、まだ相場が下降トレンドに入ったことを認識せずに楽観的な見方をしており、Ｂ波のスタートを見て「やはり上昇トレンドは続いている」と思うわけです。


　特に、Ａ－Ｂ－Ｃがフラットになる場合、Ｂ波はＡ波始点近辺まで上昇するか、場合によってはそれを超えて高値更新する形になってしまいます。こうなると、余計に「上昇トレンドは継続している」とい

う判断を多くの投資家がしてしまうところとなります。しかし、Ｂ波に続いて起きる動きは強烈な下落になりやすいＣ波です。

　Ｂ波の上昇局面というのは、他の株価指数で上昇転換が確認できなかったり、個別株で下降トレンド入りする株が増えたり、各種テクニカル指標が弱気のサインを点灯していたり、テクニカルアナリストにとってはすっきりしない局面です。このように、相場観察者あるいはテクニカルアナリストが「この相場では株価指数は上昇しているけど、何かスッキリしない」と感じるような状況なら、それはＢ波である可能性が高いです。

　出来高については、一般的にプライマリーより小さい階層のＢ波では減少する傾向があります。

## ◆Ｃ波

　インターミディエット以上のＣ波は、一般的に大きな下落になりやすいです。Ｂ波まで投資家を支配していた楽観的な見方が完全に打ち砕かれるような動きになります。

　ただし、著者のこれまでの観察によれば、特に５分足以下のチャートで観察される波動においては、これらのＣ波はそれほど大きくならないことも多く、Ａ波と比べても同程度か小さいというケースも珍しくありません。ごくまれなケースですが、Ｃ波がフェイラーとなりＢ波を超えられないケースもあります。

　トライアングルにおけるＣ波はしばしば複雑化したり長期化したりして、波形としてはフラットや複合修正波などになることも珍しくありません。

## ◆Ｄ波

　Ｄ波とＥ波はトライアングルの副次波の４波目、５波目として出現

する波です。そのトライアングルが上昇波動内の修正波である場合、
D波は上昇波動となります。

　トライアングルのC波は破壊的な下落というよりは複雑化・長期化
した横ばいの波であることが多く、投資家の多くはまだ「相場はやが
て上昇トレンドを再開して高値を抜くだろう」と考えています。そう
した中で起こる上昇波動のDでは、投資家心理が再度強気に傾きます。

　しかし、D波による上昇局面では一般的に株価指数は上がるものの、
個別銘柄では上昇銘柄数が絞られ、値動きの停滞する銘柄が多くなり
ます。「日経平均は上がっているのに、自分の持ち株は動かないな」
という状況になりやすい局面です。


#### ◆E波

　E波では、その動きの方向を裏付けるようなファンダメンタルズ的
な材料が出てくることが多く、株価がその方向への動きを続けるとい
う投資家の確信を強めがちになります。

　例えば、E波が下落方向の波の場合、その方向の動きを裏付けする
ような悪い材料が出てくることが多いです。

　おまけに、E波では下値支持線を一時的にブレイクする（スローオー
バーする）こともあり、その場合、多くの投資家は新しい下降トレン
ドのスタートかと判断してしまいがちになります。

　しかし、実際にはE波は修正の最終局面であり、新たな上昇波動の
開始が近づいている局面になります。

　次ページの図3－31は本節の話をまとめた図になります。

図3-31 各波の個性

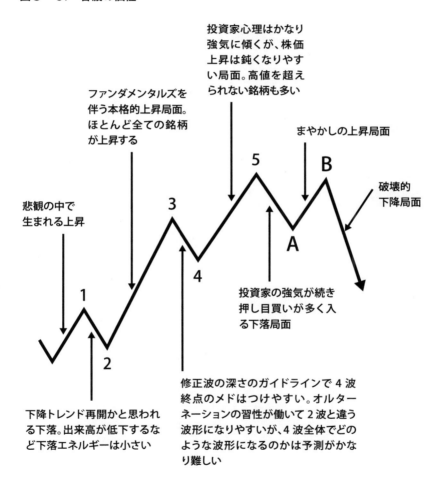

193

# 第4章

## エリオット波動の
## カウントの事例研究

日経平均、ドル円、ＮＹダウを分析する

## 第1節
# カウントの手順

### 1) 日経平均やドル円をカウントしてみよう

　第1章〜第3章ではエリオット波動理論の体系を詳細に述べてきました。本章では実際にその知識を使ってどのように現実の相場を分析していくのかについて、より実践的に説明していきたいと思います。

　最終的には相場トレンドや転換点などを探り投資やトレードに活かしていきたいわけですが、そのためにもまずは対象となる指数の過去の値動きについてエリオット波動で分析してカウントしていくことが大切です。本章では日経平均、ドル円、ＮＹダウのカウントを試みたいと思います。

　また、本書に記載しているカウントは、あくまでも 2017 年 5 月時点での著者の見解であり、今後の相場展開によってはカウントと想定を変更する可能性があります。

　著者の今後のカウント＆想定の最新情報については、日本エリオット波動研究所の公式ウェブサイト（http://jewri.org）をご参照ください（※本書の実例で使っている日経平均の値動きは図４－２以外は 225 ＣＦＤの値動きで代替しています。225 ＣＦＤは日経平均と連動する派生商品ですが、原則として 24 時間取引されていますので連続性という点で分析するのには優れています。もちろん、実際の日経平均のチャートでもエリオット波動分析は可能です。期間が数カ月と

**196**

か数年、あるいはそれ以上と長期になればどちらも結論はそれほど変わりません。ただし、短期の分析においては連続性のある 225 ＣＦＤの値動きのほうがよりきめ細かく有効な分析ができると思われますので、著者は 225 ＣＦＤを使った日経平均分析をしています）。

## ２）まず、大きな値動きを見て波を大ざっぱに区切る

エリオット波動分析では、「今、株価が波動のどの階層で、どのような波形を形成中なのか」を探ることで、「今後どのような展開になる可能性が高いのか」というシナリオを考えていきます。そのために、まずは現在の位置を確認します。そのうえで今後の進路を想定する、という手順になります。

波動の現在位置を確認するには、各値動きの波形とその連なりを確認していくことが大切です。

どんな波動もそれよりも大きな波動の一部分（つまり、副次波）として展開していますから、より大きな波動がどのような展開になっているのかを確認することが必要です。

著者としては、サイクルくらいの段階から波動を確認していくのがいいのではないかと思っています。サイクルというのはだいたい 10 年程度の長さ（数年から場合によっては 20 年以上）の波動です。なるべく期間の長い株価チャートを確認してみましょう。

そして、まずは際立った高値と安値を確認しましょう。その際立った高値・安値はサイクルの高値や安値など波動の区切りのポイントになっている可能性があります。

もちろん、波動はフェイラーで終わる可能性もありますし、拡大型フラットなどのように直前のアクション波の終点を一時的に超えるリアクション波が出現することもありますから、際立った高値・安値が

オーソドックスな高値・安値であるとは限りません。しかし、まずは暫定的に際立った高値・安値で区切って波動分析を始めていきましょう。そして、副次波を検討していくなかで、オーソドックスな高値・安値を判断するという手順で分析を進めていくのがいいでしょう。

### 3）推進波か修正波か、どんな波形かを想定し、副次波を点検する

　次に際立った高値・安値で区切った波動について、上昇－下落－上昇－下落－……というような連なりを確認します。

　その連なりの全体的な方向が上向きならば上昇波動がアクション波、下落波動がリアクション波なのではないかと見当がつけられます。メジャートレンド（一回り大きなトレンド）と同じ方向ならアクション波、反対方向ならリアクション波、という原則を思い出しましょう。以上のように、分析対象の波について、アクション波－リアクション波－アクション波－リアクション波－……という連なりである、というように想定できます。

　アクション波は修正波になることもありますが、だいたいのケースは推進波です。リアクション波は必ず修正波です。

　ですから、全体の波の構成は図4－1に示したように推進波－修正波－推進波－修正波－……というような連なりになっている可能性が高い、と考えられます。

　繰り返しになりますが、アクション波は修正波のこともありますから、推進波と想定しているところが修正波である可能性もあります。しかし、とりあえずはこのように想定して分析を進めましょう。各波の副次波を確認して、それが修正波の可能性が高いなら、そのときに判断を修正していけばいいです。

　波の始点や終点、それから推進波や修正波などの判断は、とりあえ

図4−1

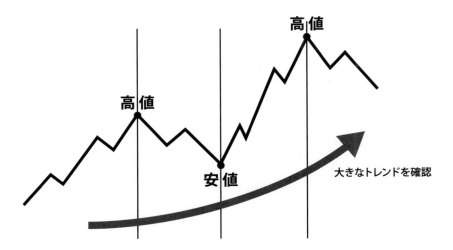

まずは株価の大きな動きを確認し、その中で際立った高値・安値で波動を区切ってみる。上の図の場合、「上昇→下落→上昇→下落」というように大きなトレンドは上昇なので、「アクション波→リアクション波→アクション波→リアクション波」と想定できる。さらに、暫定的に、「推進波→修正波→推進波→修正波」と想定できる

ずおおざっぱに想定していって、副次波を確認することで波動分析を
厳密化していく、という流れにすると頭が整理できて作業を進めやす
いと思います。

## 第2節
# 戦後の日経平均の動きを見てみよう

### 1）戦後から現在までの動きを概観する

　日経平均の動きを最も長期にわたりさかのぼったのが図4－2です。これは戦後に東京証券取引所が再開して日経平均が算出され始めた1949年からの値動きです。225ＣＦＤにはそこまでさかのぼれるデータがないので、ここは日経平均そのもののチャートを使っています。ここで最も際立った動きになっているのは1989年12月につけたバブル相場のピークです。ここを境目に、日経平均の長期トレンドが上昇波動から下落波動に転じたと考えられます。

　1949年～1989年の動きは、日本経済が戦後に立ち直って成長していく様子を反映した上昇トレンドになっていると思われます。しかし、終戦時の1945年8月から1949年に東証が再開され、株価が算出され始めるまでに4年ほどブランクがあります。この間にも経済の戦後復興の動きはあったわけですが、それに相当する経済の動きはこのチャートには反映されていません。

　戦後からバブルピークまでの長期的な株価チャートをエリオット波動分析するとどうなるかは興味深いところですが、肝心の「上昇の開始地点」が不明です。1989年のピークで終了したと思われる長期的な上昇波動の始点はどこなのか。終戦の前後かもしれませんし、さらにさかのぼって1930年ころの昭和恐慌のあたりだという説もありま

**201**

す。しかし、肝心の株価データが存在しませんので、残念ながらこの時期の日経平均の長期的な上昇波動のエリオット波動分析は不明だ、と言わざるを得ません。存在しないデータを想像してチャートに加えることが合理的な波動分析の方法だと思われないからです。


## ２）バブルのピークが重要な区切り

しかし、スーパーサイクル級と思われる数十年に及ぶ大きな上昇トレンドが生じていたのは確かであり、それが1989年のピークで終了したこともおそらく間違いないでしょう（※この1989年に終了したと思われるスーパーサイクル級の上昇波動についてどう分析し、どう考えたらいいかは、当研究所の今後の研究テーマのひとつにしたいと思います）。

そして、1990年以降の20年近くにわたる相場低迷は、その上昇波動を修正するスーパーサイクル級の修正波動だったのではないか、ということが想定できると思います。

ここで私たちにとっての重要な問題は、1990年以降続いている修正波動が完了したのかどうかということです。

具体的にはリーマンショック後の2009年3月の安値が1990年以降のスーパーサイクル級の修正波動の終点なのかどうか、ということです。このことについては、2017年現在でもまだ断定的に結論は出せませんが、しっかり波動分析をして、いくつかの想定をしておきたいところです。この波動分析については次節で考えます。

### 図4-2　戦後の日経平均の動き

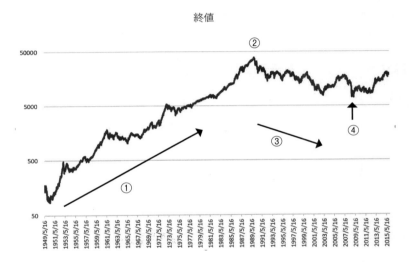

①戦後の経済成長に伴う株価上昇
②バブルのピーク
③バブル崩壊後の株価の低迷
④リーマンショック直後の安値。これでバブル崩壊後の
　下降トレンドは終了なのか？

## 第3節
# バブル崩壊以降の日経平均をカウントする

### 1) 際立ったポイントをチェックしてみよう

　図4-3はバブル崩壊後から2017年1月までの225CFDの月足チャートです（このチャートの波動分析についての見解は同年5月時点のものです）。ここからは日経平均の代わりに225CFDを対象に分析していきます。まず際立った高値や安値をチェックしてみましょう。波動のカウントの下準備です。

　際立った高値・安値はだいたい次ページの図4-4のようになるのではないでしょうか。ここでは、この後の話をわかりやすくするため際立ったポイントにア〜サという記号をつけました。

　次に、この波動全体をごく大ざっぱに上昇局面と下落局面に分けてみましょう。

　仮にバブルピークからリーマンショック直後の安値までの動きで下降トレンドが完成したとすると、これは戦後の大きな上昇のスーパーサイクルの後と考えられるので、それを修正する下落のスーパーサイクルである可能性が浮上します。

　その場合、全体的な波形としては3波動構成の修正波になるというのがメインシナリオとして考えられます。

図4-3　225CFD　月足チャート（1989年〜2017年）

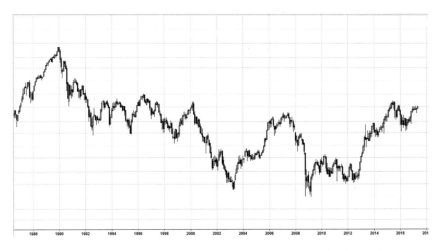

画像提供：tradingview.com

図4-4

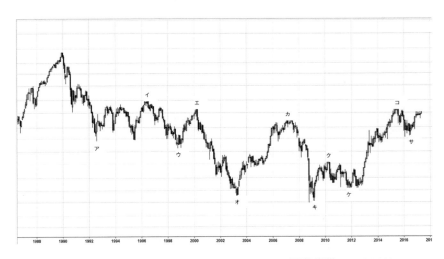

画像提供：tradingview.com

205

そうしたことも念頭に、図4－4を大きく上昇の局面と下落の局面に分けてみましょう。すると、以下の図4－5のようになるのではないかと思われます。

図4－5　225CFD　月足チャート

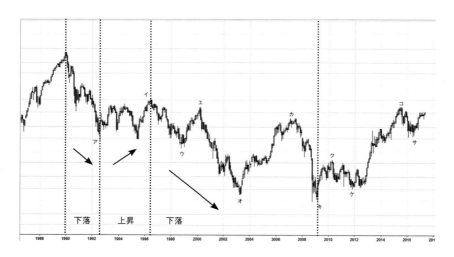

画像提供：tradingview.com

## ２）波形を想定する

　バブルのピークから最初の急落場面の安値はアです。そこから、反転してつけた高値はイです。イはその後も更新されていないだけに重要なポイントである可能性が高いと思われます。最後に、バブル崩壊後の安値は 2017 年 5 月時点ではキとなっています。

　したがって、バブル崩壊後の下落波動がすでに終了しているとすると、ア、イ、キの 3 つが特に重要なポイントになるのではないかと思われます。そして、バブルピークからアまでの局面は下落波動、アからイまでの局面は上昇波動、イからキまでの局面は下落波動と考えられ、下落－上昇－下落の 3 波で修正波が完成しているのではないか、と想定することができます。そして、パッと見た感じの波形としては、

　　アまでの下落波動……インパルス
　　ア～イの上昇局面……フラット
　　イ～キの下落局面……拡大型ダイアゴナル

という風に見えます。

　図４－６にはスーパーサイクル波の副次波（サイクル波）として、ａ－ｂ－ｃとカウントを書き込み、さらにその副次波も書き込んでみました。

## ３）波動全体のバランスを考える

　一見きれいにカウントできたように思われます。しかし、このカウントに何か問題はないでしょうか……。

### 図4-6 バブル崩壊後の相場を大まかにカウントする

↓ 副次波まで想定すると

### 暫定的なカウント1

画像提供：tradingview.com

208

図4－6のカウントでひとつ問題と感じるのは、全体的なバランスに欠けているという点です。
　具体的にはa波に対してc波が大きすぎるということです。
　a波とc波の大きさがある程度違うことはよくあることですが、c波の副次波の③波、④波、⑤波などは、それぞれa波と同じくらいの大きさになってしまっています。また、a波の副次波である①波、②波などはプライマリー波としては小さすぎるように思われます。

　そこで著者が再考した大まかなカウント2は図4－7です。
　これはx波を間に挟んで、Ⓐ－Ⓑ－Ⓒというジグザグが2つ連結したダブルジグザグです。こうするとサイクル級のw波とy波はだいたい同じくらいの大きさになりますし、その副次波も同じ階層といえるような大きさでそろいます。

**図4－7　暫定的なカウント2**

画像提供：tradingview.com

209

図４−６のカウント１でも図４−７のカウント２でも、リーマン
ショック直後の 2009 年３月でバブル崩壊後の修正局面は終了した可
能性が高そうだ、という結論で変わりませんが、総合的に考えると図
４−７のカウント２が有望そうだと著者としては判断しています。


## ４）副次波の整合性を確認する

　このカウントを有望な候補であると考えたら、今度はその副次波の
整合性をチェックしましょう。

　リアルタイムで行うカウントはあくまでも想定のひとつにすぎません。
そのカウントが正解である確率を高めるためには副次波ができるだけきれ
いにルールやガイドラインを満たしているかを確認することが大切です。

　例えば、ある波動の連なりがインパルスであるためには、その副次
波の１波、３波、５波は５波動であることが必須であり、特に３波は
インパルスであることが必須です。全体をパッと見た感じでインパル
スのように感じても、３波がどうしてもインパルスにカウントできな
かったり、１波、５波が５波動にカウントできないのであれば、その
全体的な波形の判断も間違いである可能性が高いと考えられます。

　逆に副次波まできちんと整合性が取れていれば、そのカウントが正
解である可能性が高まると考えられます。副次波は最低でもひとつ下、
できれば２つ下の階層まで確認しましょう。なるべく下の階層まで整
合性が取れているほど、そのカウントが正解である可能性が高まると
考えられます。


## ５）バブルピークから 1992 年までの急落は典型的なインパルス

　まず、ｗの副次波Ⓐと想定した波動について検討してみましょう。
図４−８のように、きれいに（１）−（２）−（３）−（４）−（５）

210

という5つのインターミーディエット波と思われる波動の連なりが見えますのでこの期間の動きはインパルスと判定していいと思います（1）〜（5）各波も、それぞれきれいに1波〜5波あるいはA波〜C波がカウントできます。

図4－8　225CFD（1989年〜1992年）

画像提供：tradingview.com

## 6）1992年8月から1996年6月までの膠着はフラットか？

次に、wの Ⓑ とカウントした波動を検討しましょう。この部分はパッと見た感じで図4－9のように、ジグザグ－フラット－インパルスのフラットのようにカウントしました。

**図4－9　ジグザグ－フラット－インパルスのカウントは正しいか？**

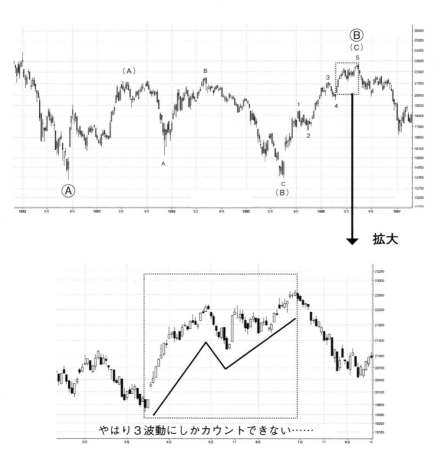

画像提供：tradingview.com

しかし、このフラットの最後の（C）-5波がどうしても5波動にはカウントできません。

そこで全体のカウントを見直すと、この（C）波と想定している波動自体を3波動とカウントしたほうがきれいであることに気づきます。

ということは、今検討している1992年8月から1996年6月までの膠着相場は修正波が横に3個ないし5個並んだ形なのではないか、ということになってきます。

修正波が横に3個ないし5個並んだ形は、トライアングルか複合修正波です。

検討した結果、図4-10のような拡大型トライアングルなのではないか、というのが著者としての結論になりました。各副次波もきれいに3波動ずつにカウントできます。

図4-10

画像提供：tradingview.com

いずれにしても、1992年8月から1996年6月までの膠着相場は横ばいの修正波である可能性が高そうです。

## 7）ｗ波の©、そして、ｘ波とｙ波の検証

　ｗ波と想定した部分の最後、©波については図４－11のようにエンディングダイアゴナルにカウントできるかと思います。これで、ＷについてはⒶ－Ⓑ－©の副次波が確認できました。

図４－11

画像提供：tradingview.com

次にx波とy波についても、図4－12のように副次波の段階までカウントできることが確認できました。
　これで図4－7で想定したバブル崩壊からリーマンショック直後までの動きはw－x－yのダブルジグザグというカウントが成り立つことが確認できました。もちろん、他のカウントの可能性もありますが、2017年5月時点ではこのカウントが最も可能性の高いカウントだと判断しています。

図4－12

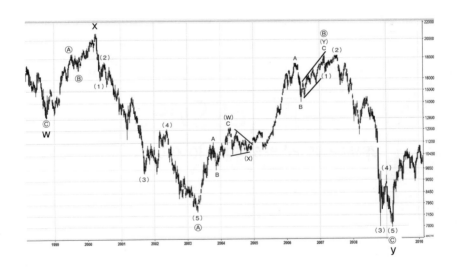

画像提供：tradingview.com

215

## 8）リーマンショック後の波動のカウントは？

　リーマンショック直後の安値でバブル崩壊後の修正局面が終了したとして、その後どのように波動が形成されているのか。今度はそのことを考えてみましょう。まずは、リーマンショック後の波動をご自身で分析してカウントを試みてください。

図４－13　リーマンショック後から2017年５月までの２２５ＣＦＤ

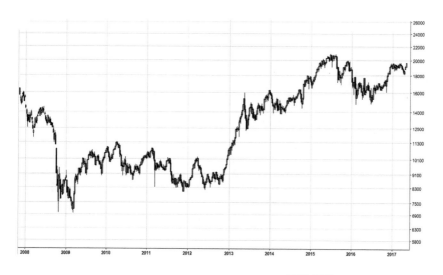

画像提供：tradingview.com

まず際立った高値や安値で暫定的に区切って、①、②、③……などのカウントを付けてみましょう。１～２年くらいの期間なら、とりあえずプライマリー級の①、②、③……などのカウントにしておいていいと思います。

　また、ダイアゴナルやトライアングルなどの波形と思われるところもチェックしてみましょう。それらが波動をカウントするときの大きなヒントになってきます。

　カウントの下準備として、図４－14のように暫定的なだいたいのカウントと、ダイアゴナルやトライアングルの可能性のあるところをチェックして書き込んでみます。

図４－14　カウントの下準備

──大まかに区切り、ダイアゴナルやトライアングルを見つける

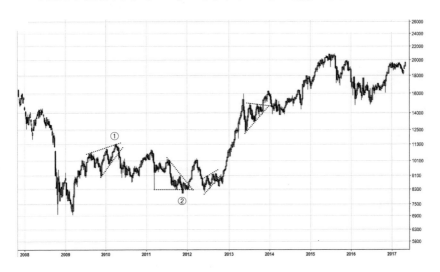

画像提供：tradingview.com

本当にこの通りにカウントできるのかどうかは、各箇所をもう少し詳しく分析していく必要がありますが、とにもかくにも下準備として暫定的なカウントを行う必要があります。
　ダイアゴナルに見えるところが3カ所、トライアングルに見えるところが1カ所あります。
　ダイアゴナルは波動の開始や終了の波になりますし、トライアングルはインパルスの4波など一連の波動の最後のアクション波のひとつ手前に出やすいという特徴があるので、波動全体を解きほぐすときの大いなるヒントになるのです。
　このような作業を経て、著者が2017年5月時点で最終的に考えたカウントは以下の通りです。

図4－15

画像提供：tradingview.com

リーマンショック後の安値からの上昇は2015年の高値でプライマリー③波まで終了して、2017年5月現在は④波が進行している状況ではないかと判断しています。そして、その後に⑤波が起きて、サイクルⅠ波が終了し、比較的大きな修正局面であるサイクルⅡ波が起きる可能性があるのではないかと想定しています。

## 9）スーパーサイクル（Ⅳ）波＝フラット説

　日経平均（ここでは225CFDで代替）の長期的な値動きについては、もうひとつ有力なカウント＆シナリオの候補があると思われます。
　それは図4－16に示したように、1989年高値から2009年安値までをサイクルa波としたフラットのシナリオです。

図4－16

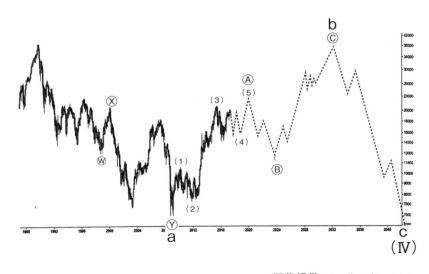

画像提供：tradingview.com

このシナリオでは、2017年現在はサイクル級のｂ波が上昇方向の
ジグザグとして展開中で、その副次波のⒶ波の（4）波を形成中とい
う想定になります。このシナリオでは2033年ごろにフラットのｂ波
がバブル時の高値近辺で天井をつけ、そこからインパルスか、ダイア
ゴナルのｃ波による大きな下落が展開する、という想定となります。
　第3章の第1節でも述べたように、修正波というのはかなりしつこ
く展開する可能性がありますので、以上のような想定も頭に入れてお
くべきではないかと思っています。

　もちろん、今後の相場の展開次第でこれらのカウントや想定は見直
す必要が出てくる可能性があります。2017年5月現在進行中と想定
される④波［もうひとつのシナリオでは階層がひとつ落ちて（4）波］
がどのように進展しているのか、あるいは全体的なカウントの見直し
の必要が出てくるのか、そうしたリアルタイムのカウント＆想定につ
いての著者の分析については、日本エリオット波動研究所のウェブサ
イトで随時更新していきたいと思いますのでご参照ください。
　なお、リーマンショック後の波動のカウントや、それに基づくトレー
ドのシミュレーションは第6章に記載しています。

## 第4節

# 為替、商品、個別株のエリオット波動

### 1）株価指数以外をエリオット波動分析する際の注意点

　エリオット波動は株価指数（市場全体の動きを示すように算出された指数）の値動きを観察・研究することで導かれた理論ですから、基本的には株価指数に対して当てはまるものです。しかし、為替や商品などの値動きにもエリオット波動はある程度当てはまると考えられます。株価の習性の多くは市場参加者の心理に由来すると考えられ、それはある程度株式以外のマーケットの動きにも共通したものだからです。実際に、為替や商品などの値動きにもエリオット波動がよく当てはまると思われる事例には事欠きません。

　ただし、ひとつ注意点があります。それは、エリオット波動は株価指数についてはどんなに長期のチャートにも当てはまると考えられるのに対して、為替や商品については長期になるほど当てはまりづらくなる、ということです。具体的には、エリオット波動は為替や商品に対してプライマリー級あるいはサイクル級の波動までは当てはまりやすいけれども、それを超える波動については必ずしも当てはまらない、と言われています。

　その理由は、株価は超長期的に上昇トレンドが形成されると考えられるのに対して、為替や商品はそうとは言えないからです。

　人間社会は長い目で見ると進歩し続け、経済は短期的には上下動が

221

あるにしても長期的には右肩上がりの成長が続くと考えられます。そうした人間社会や経済の動きを反映して、株価はたとえ10年〜20年というスランプの期間があってもそれよりも長い期間で考えると上昇トレンドを続けるものだ、と考えられるわけです。少なくとも、これまでの人間社会の歴史を見る限りはこの考えは間違っていないように思われます。

それに対して、為替は2つの国の通貨の相対的な関係性で決まりますので、どちらか一方の側から見て、もう一方の通貨の価格が超長期的に右肩上がりになるという性質のものであるとは言えません。

また、商品も価値や価格が超長期的に右肩上がりに上がっていくとは限りません。経済成長に伴ってモノへの需要は高まるものの、モノを採掘したり、製造するときの生産性も高まる面がありますし、資源の使い方も効率的になったり、代替品が出てきたりするからです。これらは商品価格を下げる要因になります。

例えば、原油の需要は世界経済の成長によって高まる面がありますが、その一方で採掘技術が進んだり、自動車の燃費効率が高まったり、電気自動車の普及があったりなど、人類の進歩が原油価格を押し下げる要因になる面もあります。


以上のように、人間の社会や経済やそれらを反映した株価指数は、超長期的には発展し続けるという習性を持つのに対し、為替や商品はそういう習性を持っていないと考えられます。そのため、為替や商品価格の値動きは、長い期間になるほどエリオット波動が成り立ちづらくなり、一般的にはサイクル級を超える波動では成り立ちづらい、ということになります。

つまり、図4－17のように、サイクル級以下の波ではエリオット波動が成り立つものの、サイクル級以上の波動の連なり（＝スーパーサイクル級の期間の動き）はエリオット波動には必ずしもならない、

図4－17　株価以外の長期波動のイメージ

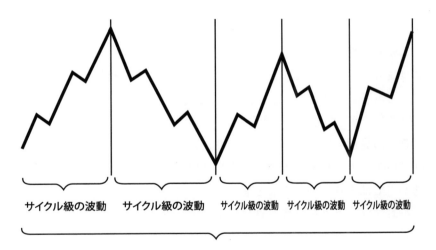

プライマリー波、あるいは、サイクル波では、それぞれエリオット波動が成り立つ。しかし、それらの波の連なりによる、より大きな波動では、必ずしもエリオット波動が成り立つわけではなく、それぞれのプライマリー波あるいはサイクル波は、前後の波とは関係なしに3波であったり、5波であったりする可能性もある

ということが一般的には言えます。

## ２）個別株にエリオット波動は当てはまるか

　個別株の値動きも市場参加者の心理が反映されているので、エリオット波動は、ある程度、成り立つと考えられます。少なくとも、ある局面を取り出してみるとインパルス、ダイアゴナル、ジグザグ、フラット、トライアングルなどの波形が現れることは少なくありませんし、そうした意味でエリオット波動の知識が役立つことも多々あります。

　しかし、個別銘柄の場合も期間を長くするほどエリオット波動は当てはまりづらくなります。短期的にもエリオット波動とは無関係に動くことも多いです。

　著者の見解では、時価総額が何兆円にも達し、グローバルに取引されている日本を代表するような大型株については比較的エリオット波動が当てはまりやすいかなと思います。

　なお、プレクターは成長株にはエリオット波動が当てはまるものがある、ということを述べています。特に、長期にわたって成長していくような企業の株価がエリオット波動を形成しているという事例をプレクターは著者の中でいくつか示しています。

## 第5節

# ドル円相場のエリオット波動

### 1）長期のドル円相場を概観する

　図4－18は1970年以降のドル円相場の動きです。

　ドル円相場は、ブレトンウッズ体制下の1949年から1971年までは1ドル＝360円の固定相場でしたが、1971年12月のスミソニアン協定以降は管理相場の中でレートが308円に引き下げられます。その後、1973年に、わずか1年と数カ月でスミソニアン体制が崩壊し、変動相場制に移行すると、通常の市場取引による為替変動がスタートしました。

　図4－18のドル円相場の長期チャートでは際立った高値や安値で期間を区切り、話をわかりやすくするようにア～クというような記号を付けています。

　アの期間では、1ドル＝360円という固定相場が終了してレートが308円に引き下げられ、その後、さらに変動相場制に移行するという変化の中で、ドル円レートは270円近辺まで急落する動きになっています。この期間の下落相場については政府が相場を管理する体制の中でレートが引き下げられた時期が多くを占めますので、厳密にはエリオット波動が当てはまるのかどうか判断が難しいところです。しかし、下落の形としてはインパルスを形成しているようにも見えます。

225

そして、イの期間には、オイルショックを背景にドル円相場は上昇しましたが、この動きはアの期間の下落波動に対する修正波動のようにも見えます。

　ウの期間についてはインパルスの下落相場で、エはそれを修正するようなジグザグの上昇に思われます。

　オはかなり大きなインパルスによる下落になっています。

　カはきれいなトライアングルの波形になっていて、キはトライアングル後に現れるようなスラストと呼ばれる動きになっています。

　以上のように、ドル円相場はア〜キの各期間はそれぞれエリオット波動が成り立っていると思われます。

　これらの期間はそれぞれプライマリー級と思われる期間ですが、ア〜キの連なりがエリオット波動になっているようには見えません。ア〜ウの部分はどうやっても5波には見えず、推進波としてカウントできないからです。このように、どうやっても推進波にはカウントできない部分を、無理矢理、推進波としてカウントするようなことは避けなくてはなりません。為替の波動としては全体の連なりは必ずしもエリオット波動になっているとは限らないのです。

　しかし、ドル円のこのケースではウ〜キという波動の連なりがきれいなインパルスを形成しているように見えます。そして、この35年間に及んで形成されたスーパーサイクル級と思われるインパルスの下落波動も2011年10月で終了したように思われます。

## 2）2011年以降のドル円の動き

　2011年10月（き）以降は2015年6月にかけてサイクル級のインパルスと思われる上昇波動を形成し（ク）、2015年6月（く）以降は修正波動が形成されて2017年5月現在に至っているように見えます。

### 図4－18　ドル円相場　1970年〜2017年3月

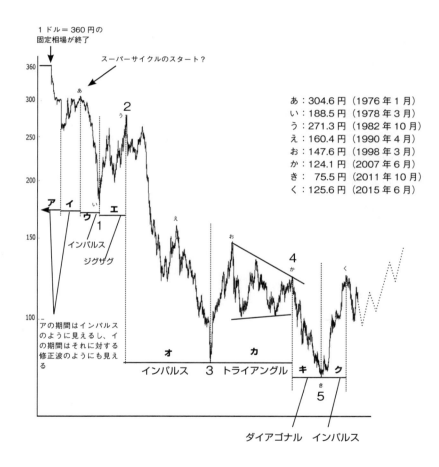

2011 年 10 月（き）でスーパーサイクル級の下落のインパルスが終了したように見えるので、2011 年 10 月以降はスーパーサイクル級の上昇の修正波が起きているというシナリオも考えられます。その場合、図 4 − 17 の点線のようにジグザグあるいは別の修正波が 2017 年 5 月時点で進行中であり、この修正波が終わった後は、再度、サイクル級と思われるインパルスかダイアゴナルによる上昇波動が起きる、という想定になります。2017 年 5 月時点では、これがドル円相場のメインシナリオではないかと著者は考えています。

　ただし、為替相場ではプライマリー波やサイクル波で波動が完結してしまい、その後は前の波との連なりとは関係なく新たな波動が生じる可能性も考えられるところです。

　このように、為替や商品の相場の長期のカウントにおいては、さまざまな可能性を想定して株価指数以上に柔軟に考えていく必要があります。

# 第6節
# NY ダウの長期のカウント

　為替や商品などの相場が長期になるほどエリオット波動が当てはまりづらくなるのに対して、株価指数についてはどんなに長期的なチャートでもエリオット波動が成立するというのがエリオット波動理論の考え方です。これが正しいなら、1989年12月につけた3万8915円という高値をなかなか抜けないでいる日経平均もいずれは高値を抜いていくだろうと想定できることになります。

　そして、こうした株価指数の性質を最もよく体現していると思われるのはNYダウです。NYダウは正式にはダウ工業株30種平均といい、アメリカの株式市場の最も有名な株価指数であり100年近い歴史がありますが、その期間のアメリカ経済の成長を反映して長期的に上昇トレンドが続いています。

　NYダウは1929年にいったんピークをつけたあと、世界恐慌の中で1932年にはピークの10分の1近くにまで下がりました。しかし、この1932年の底値から新たなスーパーサイクルと思われる上昇波動が生じていると思われます。

　1932年から現在に至るまで続いている上昇トレンドについては、もちろんエリオット波動理論によるカウントが可能だと思われます。実際にカウントしてみると、いくつかのカウント案が考えられますが、図4-19に示したカウントがひとつの有力な案だと思われます。

**229**

図4－19

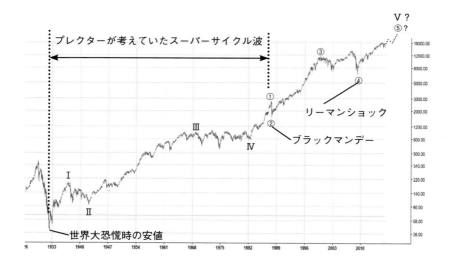

画像提供：tradingview.com

このカウントはⅣ波まではプレクターが示したものです。プレクターは著書の中で、図4－19のⅤ波の①波に相当する波動でⅤ波が完成して、Ⅰ〜Ⅴ波の連なりによるスーパーサイクル波が完成すると想定していました。①波のところでⅤ波が完成していれば、そのⅤ波はⅠ波と同程度の大きさになり、波の均等性のガイドラインに符合するからです。①のピークはブラックマンデー直前のピークで、②はブラックマンデーによる下落です。このままスーパーサイクル級の修正に入ればプレクターの想定は的中したということになったのですが、実際にはブラックマンデーによる修正の動きはプライマリー級と思われる程度の修正で終わり、その後、また高値を更新する動きになりました。そして、この上昇波動が2017年5月現在も続いているのではないかと思われます。そして、2017年5月現在は、Ⅴ波の⑤波が完成に向かっているところではないかと想定されます。

　もちろん、他のカウントが正解である可能性もあります。今後の展開次第で図4－19のカウントを変更する必要が出てくる可能性もあります。このＮＹダウの今後のカウントについても日本エリオット波動研究所公式ホームページで随時更新していきたいと思います。

　いずれにしても、ここでひとつ言えることは、ＮＹダウという株価指数は100年近い長期間をとってもエリオット波動が当てはまると思われる動きを続けているということです。その点をＮＹダウの長期チャートおよびカウント想定から感じとっていただければと思います。

# 第5章

## 問題形式で考える
## 「シナリオ想定」の基本

## 第1節
# 上昇（1）波に続いて
# 5－3－5の下落波が出現したら

### 1）修正波の想定は多岐にわたる

　現時点までの波動のカウントを終えたら、それに続く波動のシナリオ想定を考えます。そして、有力だと思われるシナリオが見つけられたらそれに基づくトレード戦略を考えます。このようなカウント→シナリオ想定→トレード戦略の立案・実行という手順のうち、4章ではカウントの仕方について述べましたので、本章ではシナリオの想定の仕方について述べたいと思います。

　本章では問題形式にして皆さんにも考えていただきながら話を進めます。これまでの知識を思い出しながら問題を考えてみてください。本章はとても細かくややこしくなりますので、紙と鉛筆を用意して図を描いて、ひとつひとつ確認しながら読み進めていただきたいと思います。そして、何度か繰り返し読んでいただければと思います。

　問題1　図5－1の太線のように上昇トレンドが続いた後にジグザグのような形が出ました。副次波も5－3－5になっていたとします。この後どのような動きが続く可能性があるか、できるだけいろいろなパターンを考えてみましょう。

図5−1

さて、どんなパターンが想定できたでしょうか。いくつものパターンが想定できると思いますが、その中でも特に有望なパターンをメインシナリオ、次に有望なパターンをサブシナリオなどと想定していきます。

　問題の値動きについて考えてみましょう。

　太線の部分は「上昇トレンド内の修正波のジグザグ」のようにも見えます。この場合、太線前の上昇も、太線の下落も、それらより一回り大きな上昇波動内の副次波ということになります。

　しかし、太線前の上昇を含む上昇トレンドが終了してしまったのであれば、太線の部分は「新しい下降トレンドの開始を意味する下向きの推進波の一部」である可能性も考えられます。

　つまり、太線前の上昇波を含む一回り大きな上昇トレンドがまだ継続しているのかどうかによって、太線部分がアクション波の一部なのか、リアクション波かその一部なのかが決まってくるということになります。そのためには、太線部分の前の上昇の動きが波動としてすでに完成しているのか、まだ形成途中なのかを検討する必要があります。

　こう考えると、問題１には一回り大きな波動の状況によってかなり多くのパターンが考えられることになります。

　そこで、まずは図５－２の上図のように上昇波動がインパルスの（１）波を終了した段階であり、太線部分は（２）波動目だと想定できるケースについて考えてみたいと思います。その他のケースは順を追って考えていきます。

　この場合には太線部分はリアクション波かその一部だということになります。そして、その場合、波形に関しては図５－２の下図のように、それだけでジグザグとして（２）波完成の可能性が出てきます。

　しかし、この太線部分のジグザグだけで（２）波が完成したかどう

かの判断はなかなか難しいところです。修正波というのは一度完成したと思ってもさらに続いてしまうことが多いからです。

例えば、この太線部分のジグザグは、図5-3～図5-6のようにフラットのA波、トライアングルのA波、ダブルスリーやダブルジグザグのW波など、修正波の最初の波（A波やW波）に過ぎない可能性があります。

図5-2

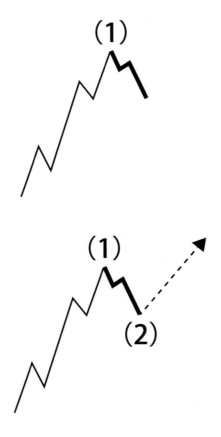

図5-3　フラットシナリオ

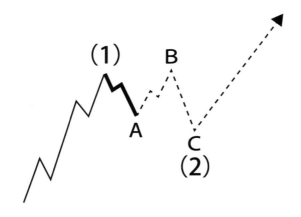

図5-4　トライアングルシナリオ

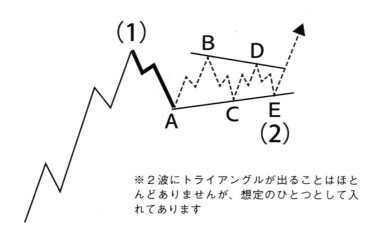

※2波にトライアングルが出ることはほとんどありませんが、想定のひとつとして入れてあります

図5-5　ダブルスリーシナリオ

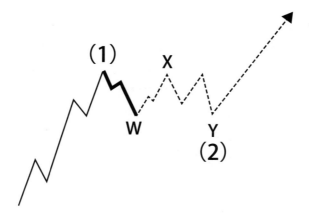

図5-6　ダブルジグザグシナリオ

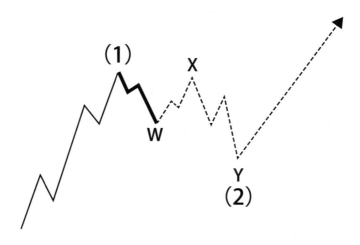

しかし、可能性はこれですべてではありません。
　図５－２も、図５－７も、（１）波の後はジグザグの（２）波ですが、図５－２が太線部分だけでジグザグを完成させているのに対して、図５－７では太線部分はインパルスを形成する途中の段階であり、そのインパルスをＡ波として、その後にＢ波、Ｃ波と続いて、やっと（２）波のジグザグが完成する、という想定です。
　同様に、図５－８のように（２）波がフラットで太線部分はそのフラットのＡ波の一部である可能性もあります。さらに、同様に、図５－９～図５－１１のような想定もできます。


図５－７　ジグザグシナリオ２

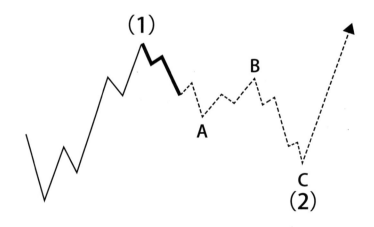

図5－8　フラットシナリオ2

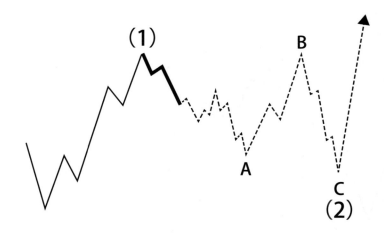

図5－9　トライアングルシナリオ2

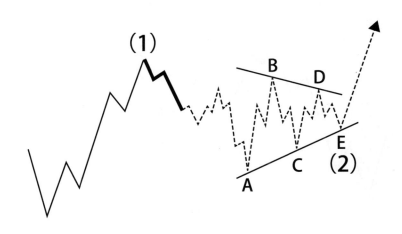

※実際には2波［ここでは（2）波］にはめったにトライアングルは出現しない

図5－10　ダブルスリーシナリオ2

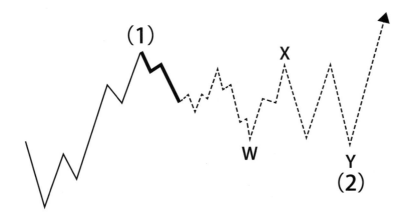

図5－11　ダブルジグザグシナリオ2

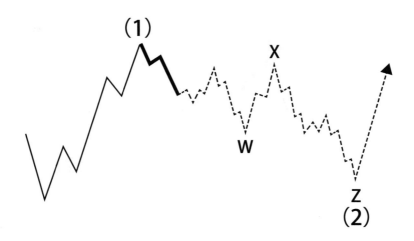

242

## 2）波の階層は比率関係のガイドラインでだいたいの見当をつける

　以上のように、太線部分がどういう波の階層になるのかということはなかなか確定的に想定できるわけではありません。

　（1）波と太線部分の大きさを見比べて、そのバランスを見て、「（2）波に相当する大きさではないか」とか「（2）波よりも一回り小さい段階ではないか」などとだいたいの見当をつけていくしかありません。

　その際、3章で紹介した比率関係のガイドラインが参考になります。（2）波は（1）波に対して0.618倍ないし0.5倍くらいの大きさ、あるいは0.382倍の大きさになりやすいということです。実際には正確にフィボナッチ比率通りになることはあまりないので、ざっくりと、（2）波は（1）波の3分の1から3分の2くらいの大きさ、という感じで考えてもいいと思います。


　実際に波がどういう階層の波であるかは、最終的には、詳しくカウントして検討していくことが必要になりますが、それでも波の階層の判断は難しいケースも多いです。例えば、ある波とある波は同じくらいの大きさなのに、詳しくカウントしていくと一回り大きさが異なる階層の波であるということもよくありますし、だいぶ大きさが違うのに同じ階層の波であることもあります。

　また、図5−3のようにジグザグで（2）波が完成したと思ったら、「フラットのA波に過ぎなかった」ということもよくありますし、図5−4、図5−5、図5−6のように「トライアングルのA波やダブルスリーのW波やダブルジグザグのW波に過ぎなかった」というケースも考えられます。ですから、予断をもたずに、常にいくつかのシナリオを想定しながら観察してトレードを進めることが大切です。

　以上、問題1の解答のうち太線前の上昇波動が（1）と想定されるケースについて考えましたが、このように条件を限定してもかなりの

**243**

数の想定ができることになります。

このような多数の想定の中で、比率関係のガイドラインをはじめさまざまなガイドラインを考慮してメインシナリオやサブシナリオを想定していきます。そして、リアルタイムで波動をチェックして、適宜修正しながらトレードを行っていきます。

さて、次には、太線前の上昇波動が（３）波と想定されるケースについて考えてみましょう。問題１の残りの解答は、次節から問題２、３……というように想定分けする形の問題に解答することで代えさせていただきたいと思います。

---

### （コラム）　著者の本音のエリオット波動論
### 「基本５波形」というけれど……、圧倒的に大切なのはインパルス

本書では株価の値動きにはインパルス、ダイアゴナル、ジグザグ、フラット、トライアングルと基本波形が５つあって……というように説明して、各波形について詳しく解説しています。

これらの中では特に修正波が複雑で、その説明にはどうしても多くのページを割いてしまっています。読者の方々も「修正波はなかなか難しいな」と感じられると思いますし、ともすると修正波の話ばかり読まされている感じになっていることと思います。しかし、ここで著者としてどうしても強調しておきたいことがあります。それは、「５つの基本波形の中ではインパルスが圧倒的に重要だ」ということです。

エリオット波動理論では株価の値動きの最も本質的な形はインパルスだと考えていますし、著者としても相場観察を重ねれば重ねる

ほどその思いが強くなります。投資家としてもトレーダーとしても最大のチャンスを得られるのはインパルスの局面においてですし、最も注目するべきなのはインパルスという波形なのです。

株価指数（株式市場の全体的な動きを示す指数）というのは、人間の進歩や経済成長を反映して、長期的には上昇トレンドを描いていくものだとエリオット波動理論では考えられています。そして、その長期的な株価上昇はインパルスの波形をしている、ということです。

そのインパルスという波形を分解していくと、その副次波も主なものはインパルスですが、その他にもダイアゴナル、ジグザグ、フラット、トライアングルなどの波動が見られる、ということなのです。そして、こうしたさまざまな波形の中でインパルスこそが株価を推進させる波であり、修正波である2波や4波などは所詮インパルスの一部という意味しか持たないのです。

こういう文脈の中で考えると修正波というのは脇役もいいところなのですが、その脇役の修正波が実に複雑なふるまいをするので、それを丁寧に記述しようとすると、どうしてもテキストの多くを占めてしまい、ともするとテキストの中では主役のインパルスよりも目立ってしまうことになっている、というわけなのです。もちろん、インパルスという局面をしっかり捉えるにはその前段階や途中段階で出現する修正波をしっかり捉える必要がありますし、そのためにも修正波のことをしっかり勉強する必要があります。しかし、あくまでも「主役はインパルスなんだ」ということを心にとめておいていただければと思います。

245

## 第2節
# 上昇（3）波に続いて
# 5－3－5の下落波が出現したら

以下の問題を考えてみてください。

> 問題2　図5－12のように、インパルスの（3）波目のインパルスと想定される波に続いて、太線のような5－3－5と思われる下落波動が出現した場合、これに続く想定を考えてください。

　この場合、太線部分はインパルスの（4）波である修正波、ないし、その一部分だということが想定されます。太線部分はジグザグになっており、これで（4）波完成の可能性もあります（図5－13）。

　また、太線部分はフラットやトライアングルのA波、複合修正波のW波である可能性もあります（図5－14～図5－16）。

246

図5 − 12

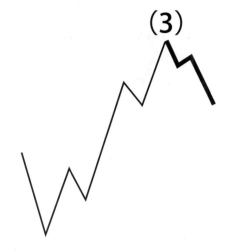

図5 − 13

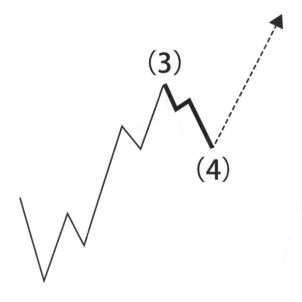

図5-14　フラットシナリオ

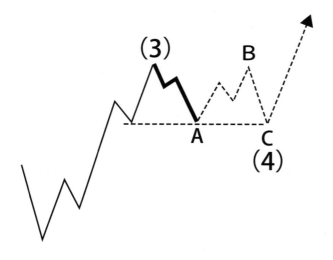

図5-15　トライアングルシナリオ

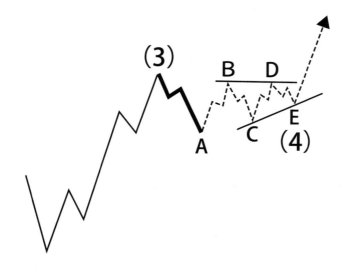

図5－16　ダブルスリーシナリオ

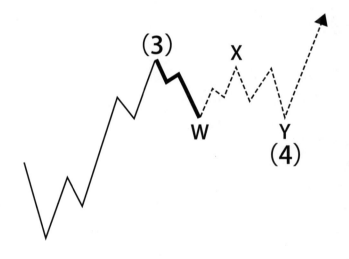

では、次ページの図5－17のような可能性はあるでしょうか。

（1）－（2）－（3）－（4）－（5）がインパルスを形成中であれば、（4）波は（3）波の副次波4波終点近辺の水準までで価格的な修正は完了している可能性が高いと考えられます。

修正波の深さのガイドラインを思い出してください。（2）波の修正はしばしば深くなり、場合によっては（1）波の始点近くまで行くこともありますが、（4）波の修正は「直前の波の副次波の4波」、つまり（3）波の4波終点近くまでで完了する可能性が高いです。ですから、（1）波～（5）波がインパルスを形成中なら図5－17のようにはならないだろうと考えられます。もしこうなったら（4）波が（1）波と重なっていますし、カウントは破たんとなります。別のカウント＆想定を探す必要が出てきます。

図5－17のように（4）波が大きくなり（1）波に重なってくると、（1）－（2）－（3）－（4）－（5）は拡大型ダイアゴナルである可能性が浮上します。もし（1）－（2）－（3）－（4）－（5）の波形としてダイアゴナルが許されるならば、図5－17のように想定することも可能になります。

つまり、（1）－（2）－（3）－（4）－（5）が全体としてどんな波が想定されるのかによって、（4）波がどのくらいの大きさになると想定されるかが、ある程度、決まってきます。

（1）－（2）－（3）－（4）－（5）が全体として①波、⑤波、Ⓐ波、ⓒ波のいずれかならば、ダイアゴナルである可能性もあります。

※話がだいぶ複雑になってきました。少し整理しましょう。一回り大きな波形の最初か最後の推進波ならばダイアゴナルになる可能性があります。しかし、インパルスの3波はダイアゴナルになりません。その点を確認しながら読み進めてください。

一方、(1)-(2)-(3)-(4)-(5)がインパルスの③波ならば、その波形はインパルスのみとなります。

　(1)-(2)-(3)-(4)-(5)がインパルスと想定される場合、(4)波のリトレースメントには修正波の深さのガイドラインにより、「直前の波の副次波の4波」、つまり、(3)波の副次波4波終点が有効な目安になります。この場合には、(4)波は図5－17のように大きな修正波になる可能性は低くなります。

図5－17

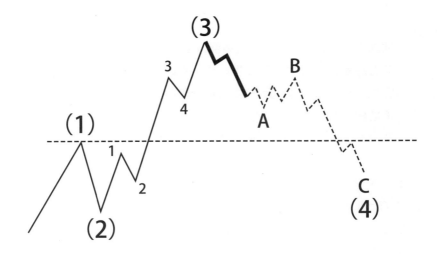

※5－3－5－3－5型のリーディングダイアゴナルにおいては、分足レベルのチャートで、3波もダイアゴナルになっている例が観察されています(84ページ、131ページ参照)

第3節
# 上昇（5）波に続いて
# 5－3－5の下落波が出現したら

以下の問題を考えてみてください。

> **問題3** 図5－18は、太線部分の前が（5）波のインパルスと想定されるケースです。そして、（1）波～（5）波で完成した波は一回り大きな①波と想定されるとします。この後に続く波を考えてください。

（1）波～（5）波で構成された上向きのインパルスはこれでいったん完了と考えられます。この完成したインパルスはここでは①波と表記しています［※もちろん、①波がこの時点ではまだ完成でなくて、完成途中である可能性もあります。そうした可能性も想定しつつ、この問題では、5波動形成したように見えるということで、①波が完成したことをメインシナリオにして、その場合にこの太線の後にどう続くのかを考えてみましょう、という話です］。

（1）波～（5）波で構成された上向きのインパルスは③波、⑤波、Ⓐ波、ⓒ波などの可能性もありますが、ここではより大きな波動のカウントから①波と想定されるものと仮定します。

252

図5−18

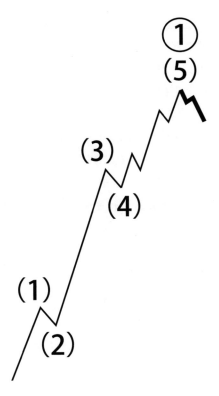

①波に続いては、①波と同じ波の階層の②波が出現すると想定されます。②波は一般的にジグザグになることが多いですが、フラットになることもあります。また、ダブルジグザグやダブルスリーなど、複合修正波になる可能性もあります。トライアングルになる可能性もゼロではありませんが、極めて低い確率といってよいと思います。

以上のように考えると、図5 - 18の太線部分はジグザグの副次波の（A）波の一部（図5 - 19）か、フラットの副次波の（A）波の一部（図5 - 20）、ダブルジグザグやダブルスリーなどの複合修正波の副次波（W）波の一部である可能性が考えられます。

なお、256ページの図5 - 21のように太線部分だけでジグザグとして②波の完成となる可能性もゼロではありません。

しかし、比率関係のガイドラインによると、2波の修正は比較的深くなることが多くて1波の大きさの0.618倍か0.5倍くらい、浅い場合でも0.382倍や0.236倍というフィボナッチ比率で計算される程度の大きさとなる可能性が高いと考えられます。

この比率関係のガイドラインからすると太線部分それ自体が②波となるには小さすぎると考えられますから、太線部分は②波の一部分であると想定するほうが妥当ではないかと思われます。

それから、256ページの図5 - 22のように、太線部分を（A）波とするフラット波で（C）波が大きくなる形で②波が比率関係のガイドラインに見合う大きさになるシナリオも、比較的起こりうる現実的なシナリオとして想定しておくとよいと思います。

図5−19　ジグザグの副次波（A）波の一部のケース

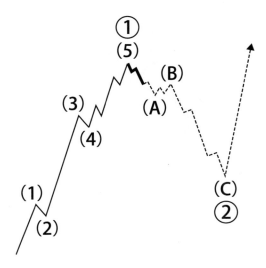

図5−20　フラットの副次波（A）波の一部のケース

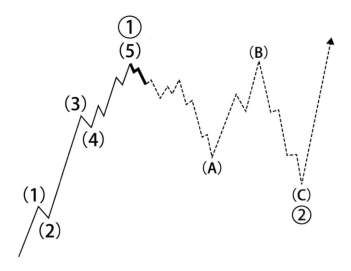

図5－21　太線部分で②波完了というシナリオ

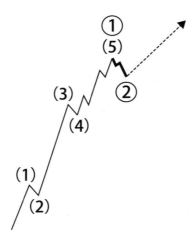

図5－22　太線部分を(A)とするフラットの(C)波が長くなる想定

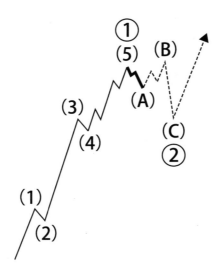

今度は別の問題です

問題4　図5-23は（5）波までで完成したインパルスの③波と想定されるケースです。太線部分に続く動きを考えてください。

図5-23

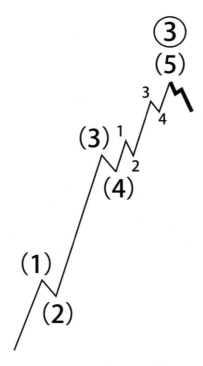

図5－24

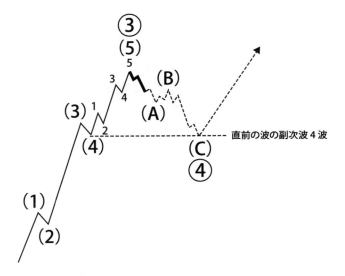

図5－25

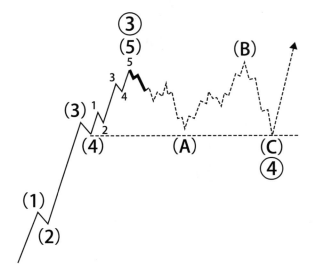

258

①波〜⑤波というインパルスが展開している最中という前提なのであれば、④波は③波の副次波（4）波の終点付近まで調整する可能性が高いと考えられます。つまり、太線部分は③波の（4）波の終点付近をメドとするような修正波の一部であると想定できます。例えば、図5－24（ジグザグ）、図5－25（フラット）のような想定ができるところです。

　その他、④波がトライアングルやダブルスリー、ダブルジグザグなどの複合修正波になる想定も考えられます。

---

**問題5** 図5－26は（5）波が終了して、それより一回り大きな⑤波が完成したと想定されるケースです。太線部分に続く動きを考えてください。

---

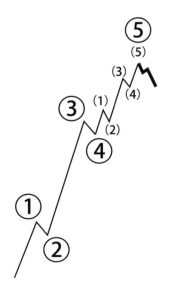

259

この場合は①波～⑤波でさらに一回り大きな推進波が完成したことになります。

　ここでまず考えなければならないことは、マイクロ波①～⑤波によって完成するひと回り大きな波（ここではサブミニュエット波）がどこに位置する波であるかということです。そのサブミニュエット波が i 波であれば次に来るのは同じサブミニュエット級の ii 波、サブミニュエット級の iii 波ならば次はサブミニュエット級の iv 波、サブミニュエット級の a 波ならば次はサブミニュエット級の b 波になります。

　しかし、その①～⑤波で完成するサブミニュエット波が v 波や c 波である場合は、そのサブミニュエット波を含む i － ii － iii － iv － v、または、 a － b － c が完成したことになりますから、そこでひと回り大きなミニュエット波も完成したことになり、次に来ると想定されるのはミニュエット級の逆方向の波動ということになります。

　①～⑤波によって完成したサブミニュエット波が i 波や iii 波や a 波の場合は、続いて出るのはサブミニュエット級の修正波ですから、図 5 － 26 の太線部分はその修正波の副次波であるマイクロ級のⒶかⒶの一部である可能性が高いと考えられます。

　例えば、①～⑤波によって完成したサブミニュエット波が iii 波であった場合は図 5 － 27 や図 5 － 28 のような想定が成り立ちます。

　また、①～⑤波によって完成したサブミニュエット波が i 波である場合は続く ii 波のリトレースは深くなりやすいことから図 5 － 29 のように想定されます。

　さらには、①～⑤波によって完成したサブミニュエット波が v 波であった場合は、図 5 － 30 のような想定ができます。

　このように、①～⑤波が完成した大きな波がさらに一回り大きな波のどの位置に来るかで、続く波動の想定は大きく変わるのです。

260

図5−27 ①波〜⑤波がⅲ波と想定されるケース　その1

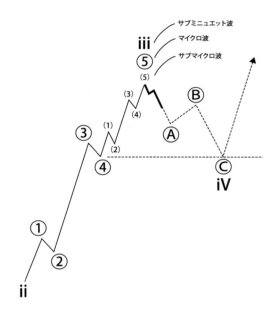

図5−28 ①波〜⑤波がⅲ波と想定されるケース　その2

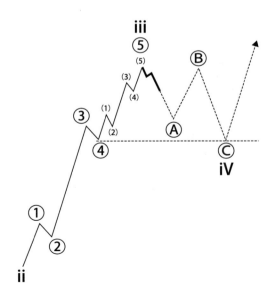

図5-29　①波～⑤波がⅰ波と想定されるケース

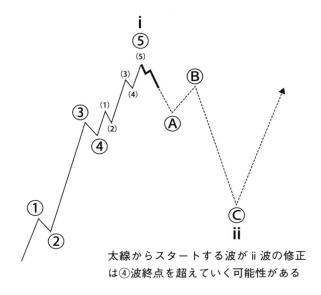

太線からスタートする波がⅱ波の修正は④波終点を超えていく可能性がある

図5-30　⑤波の終点がⅴ波であり、さらに(ⅰ)波の終点であるケース

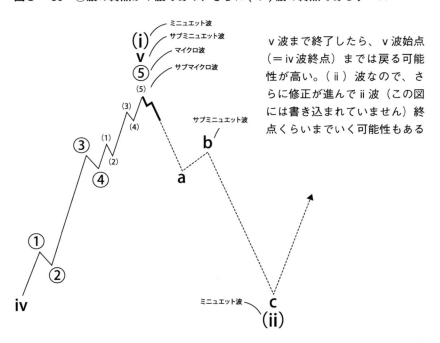

ⅴ波まで終了したら、ⅴ波始点（＝ⅳ波終点）までは戻る可能性が高い。(ⅱ)波なので、さらに修正が進んでⅱ波（この図には書き込まれていません）終点くらいまでいく可能性もある

**【波の階層表（図 1 － 11 再掲）】**

| 波の階層 | 期間的目安 | 推進波 | | | | | 修正波 | | |
|---|---|---|---|---|---|---|---|---|---|
| スーパーミレニアム | | ① | ② | ③ | ④ | ⑤ | Ⓐ | Ⓑ | Ⓒ |
| ミレニアム | | (1) | (2) | (3) | (4) | (5) | (A) | (B) | (C) |
| サブミレニアム | | 1 | 2 | 3 | 4 | 5 | A | B | C |
| グランドスーパーサイクル | 2～3百年 | Ⅰ | Ⅱ | Ⅲ | Ⅳ | Ⅴ | ⓐ | ⓑ | ⓒ |
| スーパーサイクル | 数十年 | (Ⅰ) | (Ⅱ) | (Ⅲ) | (Ⅳ) | (Ⅴ) | (a) | (b) | (c) |
| サイクル | 数年～20年 | Ⅰ | Ⅱ | Ⅲ | Ⅳ | Ⅴ | a | b | c |
| プライマリー | 2～5年 | ① | ② | ③ | ④ | ⑤ | Ⓐ | Ⓑ | Ⓒ |
| インターミーディエット | 数か月 | (1) | (2) | (3) | (4) | (5) | (A) | (B) | (C) |
| マイナー | | 1 | 2 | 3 | 4 | 5 | A | B | C |
| マイニュート | | ⓘ | ⓙ | ⓚ | ⓛ | ⓥ | ⓐ | ⓑ | ⓒ |
| ミニュエット | | (i) | (ii) | (iii) | (iv) | (v) | (a) | (b) | (c) |
| サブミニュエット | | i | ii | iii | iv | v | a | b | c |
| マイクロ | | ① | ② | ③ | ④ | ⑤ | Ⓐ | Ⓑ | Ⓒ |
| サブマイクロ | | (1) | (2) | (3) | (4) | (5) | (A) | (B) | (C) |
| ミニスキュール | 分単位 | 1 | 2 | 3 | 4 | 5 | A | B | C |

**※１：期間的な目安はあくまでも「目安」であり、絶対的なものではありません。**

※２：マイニュートは minute という綴りのため「ミニット」と訳している本もあります。しかし、この場合の minute は形容詞で「微小な」という意味で「マイニュート」と発音するのが正解です。

## 第4節
# １－２－３波か、
# Ａ－Ｂ－Ｃ波か

　さて、ここでまた別の問題について考えてみたいと思います。

　237ページの図５－２で、「太線部分の前のインパルスが（1）波であったら」という前提を置きましたが、インパルスと考えられる波が（1）波だろうと考えられる根拠は何でしょうか。そのことについて、ここで少し深く掘り下げて考えてみましょう。


　大きく下落してきた後に、上向きのインパルスと想定される波が確認されたら、それは上向きに新しいトレンドが発生したことを示唆するサインであると考えられます。この場合、そのインパルスは新しいトレンドの最初の波として（1）波の可能性があると考えられます（図５－31）。

　しかし、そのインパルスからスタートする新しい波動が修正波である可能性もあります。その場合、その最初の波と想定されるインパルスは（A）－（B）－（C）という構成のジグザグの（A）波と考えられます。つまり、「大きな下落の直後に発生した上向きのインパルス」というだけでは、（1）波なのか（A）波なのか判断できません。

　もっとも、（1）波に続く（2）波も（A）波に続く（B）波も修正波ですから、それが（1）波でも（A）波でも、次に起こる波は何かを予測する上ではそれほど支障はありません〔ただし、この場合でも、（2）波はトライアングルになる可能性が低く、（B）波はしばしばト

図 5 − 31
大きな下落の後に発生した上向きのインパルスと想定できる波（5 − 3 − 5 − 3 − 5 とカウントできる波）は、（1）波か (A) 波か

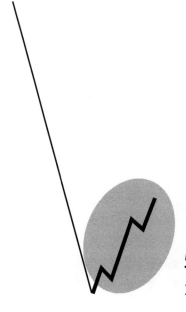

5-3-5-3-5 と
カウントできる上昇波が出現

ライアングルになる、という相違点はあります。このことは逆に、ト
ライアングルになればそれが（2）波ではなく（B）波の可能性が高
そうだ、というヒントにもなります]。

　そして、（2）波あるいは（B）波による修正が起きた後には、ど
ちらも推進波が展開されることが予測されます。その推進波は、イン
パルスの副次波の（3）波ならダイアゴナルにならないし［（3）波
の副次波の1波ならダイアゴナルになりますが］、（C）波ならしばし
ばダイアゴナルになる、という点には留意が必要ですが、それでも推
進波が起きるだろうという点は同じです。

　しかし、問題は（3）波、ないし（C）波の次の展開です。

　（3）波ならば、次に（4）波という下向きの修正波が起きた後に（5）
波という上向きの推進波が予想されます（図5－32上図）。

　一方、（C）波ならばそれで一回り大きな波動は完了してしまい、
その後下向きに一回り大きな推進波が起きることが予想されます。

　つまり、（3）波ならばまだまだ上昇トレンドは続くけど、（C）波
ならば上昇トレンドは終わって次に大きな下降トレンドが予測されるとい
うことで、それ以降に予想される展開が真逆になります（図5－32下図）。

　ただし、（A）波－（B）波－（C）波と想定していた部分は、それが全体
として（A）、あるいは（W）にすぎず、その後、（B）波－（C）波、ある
いは（X）波－（Y）波などと続いてからやっと修正波が完成し、その後
に大きな下落トレンドが生じるという可能性もあります。本章第1節で見
たように、ジグザグはそこからほかの修正波へと展開する可能性を視野に
入れる必要があります。

　では、大きな下落の後に起きた3つの波動が（1）波－（2）波－（3）
波なのか、（A）波－（B）波－（C）波なのか、あるいは（A）波－（B）

266

図5-32
(1) 波-(2) 波-(3) 波でも (A) 波-(B) 波-(C) 波でも、最初のインパルス発生からここまでは同じ想定ができる

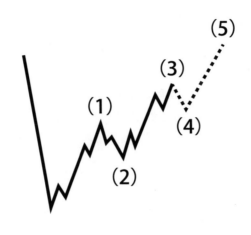

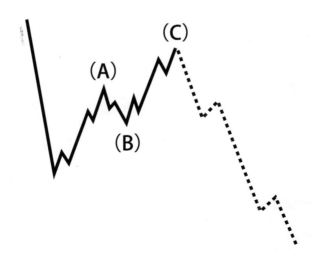

波-(C)波のうちの(A)波に過ぎないのか、どう判断したらいいでしょうか。これについては、図5-33のように、さらに大きな波動を確認する必要があります。

　例えば、問題の3つの波動の前の「大きな下落」というのが、図5-33の左図のように下向きの修正波の②波であれば、「3つの波動」は③波の一部の（1）-（2）-（3）であり、この後さらに（4）-（5）という波が続くことが予想されます。

　一方、「大きな下落」というのが下の右図のように下向きの推進波の③波であれば、「3つの波動」は④波であり、(A)-(B)-(C)であると判断されます。そして、次に起きるのは⑤波という新たな「大きな下落」と予想されます。

図5-33

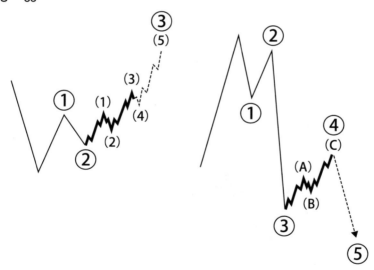

※右図太線部分はこれ全体を（A）として、フラットやトライアングルなどに展開して④が完成する可能性もある。本章第1節を参照
※当然だが、上図の①-②-③の部分が①-②-③か、Ⓐ-Ⓑ-Ⓒであるかは、さらに一回り大きな波動を見る必要がある

ここで、もうひとつだけ指摘しておかなければならないことがあります。もう一度、図5－31（下に再掲）を見てください。この図について、「大きな下落の後に発生した上向きのインパルスと想定できる波」という表現を使いましたが、この図5－31のように上向きの5波動が展開している最中に、これを「インパルス」と想定するには時期尚早であり、もう少し値動きを見極める必要があります。

図5－31（再掲）

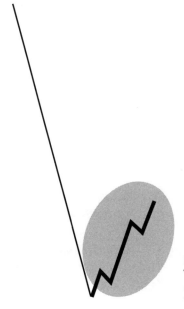

5-3-5-3-5と
カウントできる上昇波が出現

例えば、図5-34のように、もう少し波動が展開してダブルジグザグになったとか（左図）、インパルスだけどまだ延長波が残っていた（右図）、というケースもよくあります。

図5-34

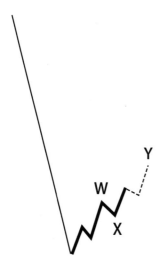
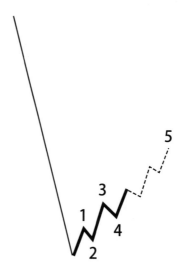

※5波ではなくて、
3波が延長している可能性も

左図は太線がダブルジグザグの一部だったケース。右図は延長波を含むインパルスの一部だったケース

では、どのようになったら、「太線部分はやはりインパルスだった可能性が高い」とある程度の確度で判断できるでしょうか。
　それは、インパルスを形成した後に、逆向き（このケースでは下向き）の修正波がある程度展開してからです。
　例えば、図5-35のように、太線部分の5波動の上昇波動の次に、修正波と思われる波（破線）がわりとはっきり展開してくると、「太線の部分はほぼインパルスで確定だな」と判断できるところとなります。
　では、反対方向の波がどのくらい展開したらある程度の確度でそう判断することができるのでしょうか。
　これについては6章の重要なテーマとなりますので、そちらをぜひご覧ください。

図5-35

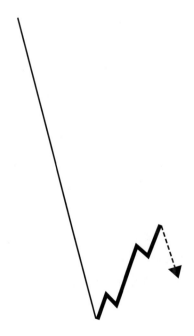

## 第5節
# ダイアゴナルに続く波動を想定する

以下の問題を考えてみてください。

> **問題6** 図5－36のように、大きく下落した後にダイアゴ
> ナルと想定できる上昇波が出現しました。これに続く株価の
> 想定を考えてみましょう。

　大きな下落の後に上向きのダイアゴナルが出現したとすれば、これ
はリーディングダイアゴナルであり、何らかの階層の上昇トレンドが
スタートした可能性を示唆します。スタートした波が推進波であれば、
このダイアゴナルは1波、スタートした波が修正波（この場合はジグ
ザグ）であれば、このダイアゴナルはA波ということになります。

　このダイアゴナルを1波とする推進波がスタートしたのであれば、
このあと2波－3波－4波－5波と上昇波動が続いていくことが予想
されます（図5－37の左図）。

　このダイアゴナルをA波とする修正波がスタートしたのであれば、
この後にB波－C波と修正波が進展していくことが予想されます（図
5－37の右図）。

図5－36

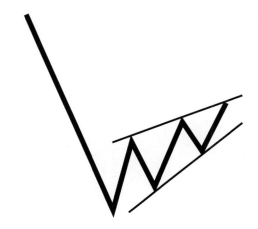

図5－37

最初のダイアゴナルが1波なら　　　　最初のダイアゴナルがA波なら

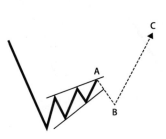

※ A-B-Cとした部分は、これ全体をAとして、フラットやトライアングルへと展開する可能性もあり

273

次の問題です。

問題7　図5－38に続く動きを考えてください。

図5－38

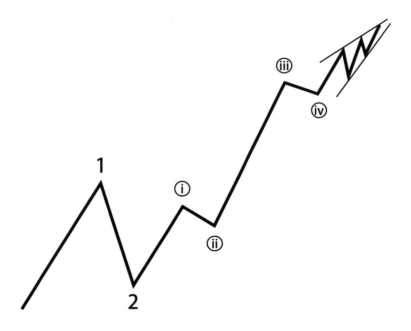

上昇波動の5波目（図では ⓥ 波）と思われる位置にダイアゴナルと想定できる動きが出現したら、それがエンディングダイアゴナルとなって一回り大きな上昇波動が終了し、その後は下落する動きが想定されます。

　ダイアゴナルで終わる5波動が3波の副次波の ⓥ 波ならば、次に続く4波ではダイアゴナルの始点くらいまでリトレースすると予想されます（図5－39）。

　それ以外の波では、それよりもさらに大きく下落していく可能性もあります。

**図5－39　ダイアゴナルが3波のⓥ波に出現した場合**

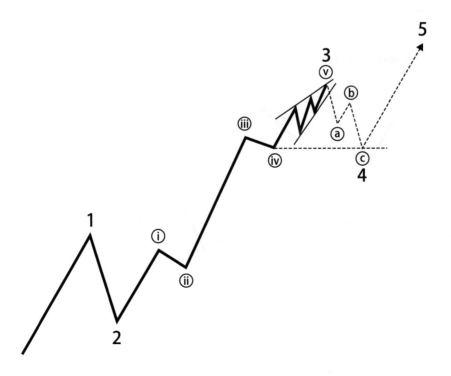

ただし、ダイアゴナルについては、その5波がしばしばスローオーバーするということには注意が必要です。82ページでも説明しましたが、スローオーバーというのは下の図5－40のようにトレンドラインを一時的に飛び出すことです。これがどの程度飛び出すかということについてはあまり有効なガイドラインはありません。「瞬間的に少し飛び出す」というのが普通ですが、意外と巨大化・長期化するケースもあります。

下向きのダイアゴナルは上昇転換が近く、上向きのダイアゴナルは下降転換が近いサインとなりますが、最後にスローオーバーがある可能性を考えると、売買ポイントの探り方がなかなか難しくなります。

図5－40　スローオーバーに注意！

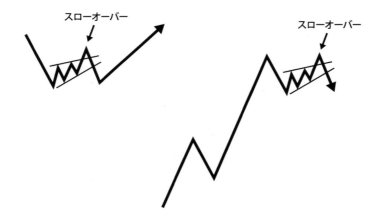

また、図5－38について、もうひとつ考えなければならないことがあります。このダイアゴナルが(v)波そのものではなくて、(v)波の副次波の（ｉ）波に過ぎない可能性もあるということです。つまり、このダイアゴナルを（ｉ）波として一回り大きなダイアゴナルかインパルスを形成して、それでやっと(v)波が完成する可能性もあります（図5－41）。

　図5－38の波形を見ると、ⅲ波が長くて、(v)波の位置に出ているダイアゴナルはⅰ波と同じくらいの大きさになっているので、波の均等性の観点ではこれで(v)波が完成し、それによってⅰ波～(v)波からなるインパルスが完成したというシナリオをメインにしていいのではないかと思います。しかし、問題のダイアゴナルはエンディングダイアゴナルではなく、リーディングダイアゴナルである可能性にも留意しておく必要はあります。

図5－41

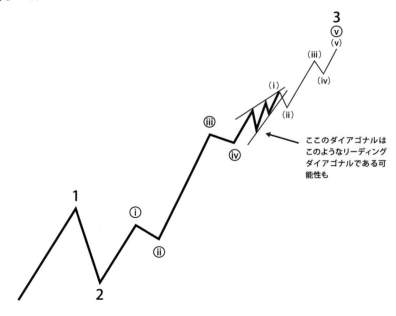

## 第6節
# トライアングルに続く想定

以下の問題を考えてみてください。

> **問題8　図5－42のように、大きな上昇の後にトライアングルと想定できる波動が出現した。これに続く株価の想定を考えてください。**

　上昇トレンドの途中で出現したトライアングルと想定される動きです。トライアングルは基本的に「最後のアクション波の直前に出る波」です。ごくまれに2波に出現することもありますが、いずれにしてもトライアングルの後にはアクション波が出現すると想定されます。言い方を変えると、トライアングルの後には、その直前の波と同じ方向のアクション波が出現します。

　図5－42のケースでは、上昇波動の後にトライアングルと想定される動きが出現しているので、それに続く波は上向きのアクション波ということになります。トライアングルが4波に出た場合には、続く5波の上昇の目標としては、図5－43のように、トライアングルの一番大きな副次波と同じ大きさの上昇、ということになります。

　また、図5－44のように、ダイアゴナルと同じく、スローオーバーの動きも想定しておきましょう。

278

図5－42

図5－43

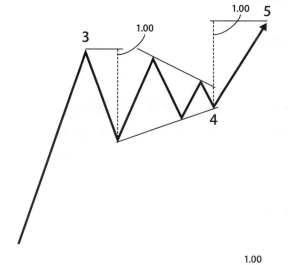

図5－44

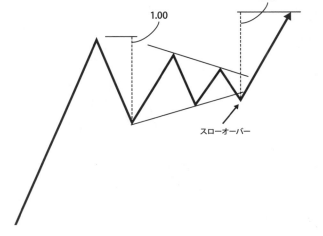

# 第7節
## さらに実践力を磨く2つのケーススタディ

以下の問題を考えてみてください。

問題9　図5－45のように、大きな下落が終了して上向きの推進波と想定される波動が途中まで展開しています（太線部分）。この後、どのような展開が想定されますか？

図5－45

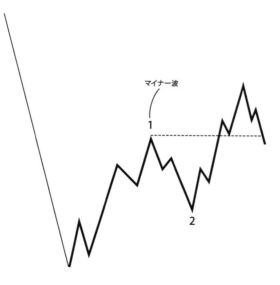

最初に5波動で上昇して、その次にそれを修正するように3波動で下落しています。ここは1波、2波とカウントしておいていいところでしょう。
　続いてまた5波動で展開しましたが、1波に比べると小さいうえ、その後の下向きの修正波が1波と重なってしまっています。
　ここで展開している波が上向きの推進波の途中だとすると、推進波については、次の2つ（図5－46と図5－47）の可能性が考えられます。

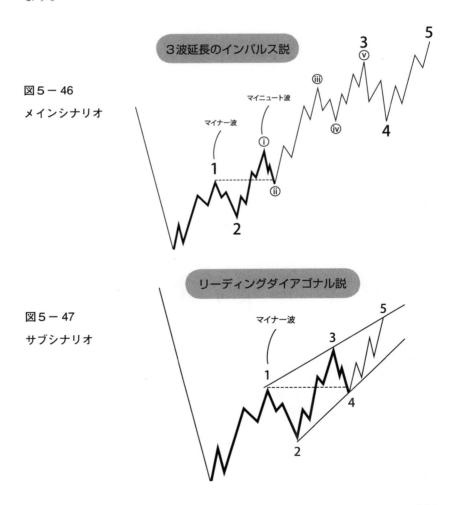

では、図5-45の太線部分が推進波ではなくて修正波だったら、その後の動きはどうなるでしょうか。
　太線部分はA-B-Cというジグザグにカウントできるので、修正波完成の可能性があります。C波のⓘ波まで完成してⓘⓘ波が進行中の可能性も考えられます。
　また、このジグザグを副次波A波とするフラットやトライアングル、あるいはこのジグザグを副次波W波とするダブルスリー、ダブルジグザグなどになる可能性も考えられます。

図5-48

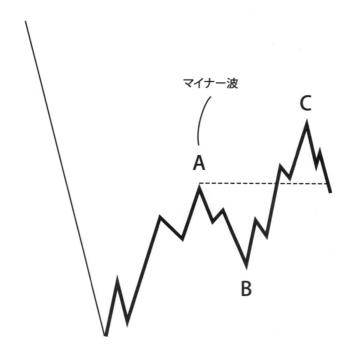

問題10 図5−49は左右とも同じチャートですが、別のカウントがされています。そして、どちらもルール違反なく成り立つカウントです。どちらが正解かは後になってみないとわかりませんが、この時点でメインシナリオとしてふさわしいのはどちらでしょうか。

図5−49

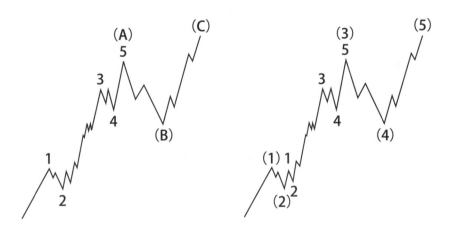

これはなかなか難しい問題ですが、現実にカウントをしていると「どちらのカウントも成り立つけど、どちらがメインシナリオとしてふさわしいんだろう」と悩むことが多いです。

　こういう場合にはガイドラインがよりきれいに当てはまるものがメインシナリオと考えられます。

　インパルスの場合には、チャネリングのガイドラインを常に考慮しましょう。そのインパルスがチャネリングのガイドラインを満たすなら、1波終点と3波終点を結んだ線と、2波終点と4波終点を結んだ線が平行に近い線になります。この2つの直線ができるだけ平行であるほうがインパルスとしてはきれいであり、カウントが正しい可能性が高くなると思われます。

　図5-50のチャートでは、上図（A）波の部分をインパルスとカウントするのか、下図のように全体をインパルスとカウントするのか、ということが問題になります。そこで、両方のチャートに1波終点と3波終点、2波終点と4波終点を結んだ直線を引いてみます。

　こう見ると、上図の（A）波のインパルスは比較的きれいにチャネルラインに収まっていますが、下図のインパルスではきれいなチャネルラインが引けないということがわかります。

　もちろん、どちらのチャートが正解かは後になってみないとわかりませんが、上のほうがチャートとしてはきれいであり、正解の可能性が高いのではないかと考えられます。ということで、上図をメインシナリオ、下図をサブシナリオと考えるといいのではないかと思われます。


　また、上図の（A）波の1波と5波はほぼ同じ大きさであり、「波の均等性」のガイドラインを満たしているのに対し、下図のカウントの（1）波と（5）波は同じ大きさにも、1：1.618の比率にもなっていません。こうした点でも上図のカウントのほうがきれいであり、メインシナリオにするべきものであると言えます。

図5－50

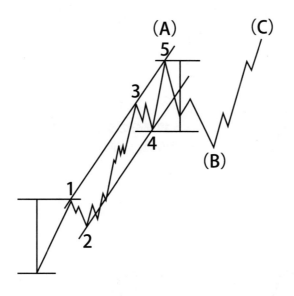

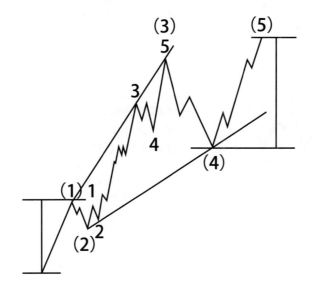

## 第５章まとめ

　上向きのインパルスに続いて５－３－５の３波動が出たら、その後は以下のような展開が想定できる。

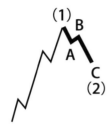

太線部分のジグザグで（２）波が完了。その後、上向きの（３）波へ。

太線部分のジグザグをＡ波とするフラットで（２）波が完了。その後、上向きの（３）波へ。

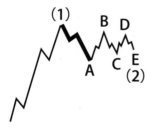

太線部分のジグザグをＡ波とするトライアングルで（２）波が完了。その後、上向きの（３）波へ。

※２波にトライアングルが出ることはめったにありません

太線部分のジグザグをW波とするダブルスリーで（2）波が完了。その後、上向きの（3）波へ。

太線部分のジグザグをW波とするダブルジグザグで（2）波が完了。その後、上向きの（3）波へ。

太線部分をA波の一部とするジグザグで（2）波が完了。その後、上向きの（3）波へ。

（1）波と想定される波が延長して、太線部分は延長波の2波目、その後、延長波の3波〜5波目が展開して（1）波が完成へ。

# 第6章

## エリオット波動による
## トレード戦略

第 1 節
# インパルスにおけるトレード戦略

　この章ではエリオット波動分析による具体的な売買タイミングの探り方、トレード戦略の立て方について考えます。

　エリオット波動により判断できる売買ポイントは、基本的には「ひとつの波形が終了して新しい波動がスタートしたと認識できるポイント」です。5つの基本波形ごとにそのポイントはどこなのかを確認してみましょう。非常に細かく複雑な箇所もありますので、実際に自分でも図やメモを書きながら読み進めていただければと思います。


## 1）インパルス完成後に想定される波動

　最初にインパルスにおける売買タイミングを考えてみましょう。図6－1のように下向きのインパルスが進行しているとします。

　図6－1の時点の（ⅰ）波～（ⅴ）波の各波はミニュエット波とします。この段階では図のようにカウントできて、ミニュエット級の（ⅰ）波から（ⅴ）波までが完成した可能性がある、と考えられるところです。

　もしこの想定通り（ⅰ）波～（ⅴ）波の5波動が完了したのであれば、それによって一回り大きなマイニュート波が完成したことになります。この5波動構成のマイニュート波はインパルスですから、マイニュート波のⓘ波か、ⓘⓘⓘ波か、ⓥ波、あるいはⓐ波かⓒ波のいずれかが完成したということになります（※波の階層やその記号について、

290

図6−1　インパルスにおける買いポイントは？

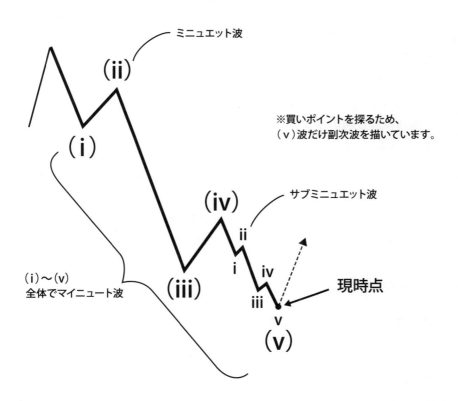

263ページの表をコピーするなどして横に置きながら、頭と知識を整理しつつ読み進めてください)。

　下向きのマイニュート波の ⓘ 波、ⓘⓘⓘ 波、ⓐ波が完了したら、次には上向きの修正波である ⓘⓘ 波か、ⓘⓥ 波か、ⓑ波が起きると考えられます。

　ⓥ波やⓒ波が完了した場合には、そのことによって ⓘ － ⓘⓘ － ⓘⓘⓘ － ⓘⓥ － ⓥ という5波動構成か、もしくは、ⓐ － ⓑ － ⓒ という3波動構成のマイナー波が完成したことになり、この後、マイナー級の上昇波動が起きることが想定されます。

　これらの中で、この後の上昇ターゲットが最小と想定されるのは、ⓘⓘⓘ 波が完成して上向きの ⓘⓥ 波が起きると想定されるケースです。その場合、修正波の深さのガイドラインにより、「直前の波の副次波の4波 (the previous forth wave of one lesser degree)」、このケースでは図6－2のように (iv) 波終点が上昇ターゲットと想定されるポイントになります。

　(i) 波～ (v) 波の5波動が ⓘⓘⓘ 波でない場合でも、その後は最低でも (iv) 波終点近辺を目指す上昇トレンドが発生することが想定されます。


## 2) サブシナリオを考える

　しかし、図6－1の時点で、(v) 波終点と想定しているところで本当に (i) 波～ (v) 波が完結したという保証はありません。その他にもいくつかの想定ができます。

　図6－3のサブシナリオ1は (iii) 波が延長しているというシナリオ、サブシナリオ2は (v) 波が延長していくというシナリオです。その他にも想定できるシナリオはいくつもありますが、そうした中で

292

図6-2 メインシナリオ

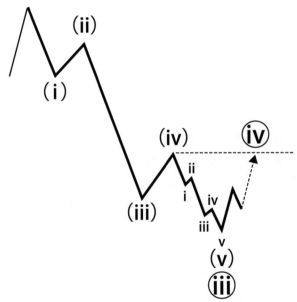

図6-1のケースから反転した場合、上値ターゲットは最小でもここになると想定される。
(i)〜(v)波が⑪波以外の時には、上値ターゲットはさらに大きくなると考えられる。

最も可能性が高そうなシナリオがあればそれをメインシナリオとし、次に可能性の高そうなシナリオをサブシナリオと想定して、損切りラインを明確に設定しながらトレード戦略を取ることが必要です。


**3）有効なエントリーポイントは？**

　では、図6－2をメインシナリオとした場合に、具体的にエントリーポイント（新規に売買に入るポイント）はどこになるでしょうか。

　図6－1の時点では、「（ⅴ）波の副次波のⅴ波と思われる波動が発生したのでそろそろ底ではないか」と考えられるところであり、投資家心理としては底値狙いの買いを試みたくなるものだと思います。
　しかし、図6－1における最新の波（一番右の波）が想定通り（ⅴ）－ⅴだとしても、この波（下落波動）が「現時点と書いてあるポイントで終わる」という保証はありません。意外に長くなってしまった場合、損切りしていいのか、保有したままでいいのかの判断が難しくてかなり悩むことになります。

　また、その波が（ⅴ）－ⅴである保証もありません。図6－3のように（ⅲ）波や（ⅴ）波が延長して、（ⅰ）波～（ⅴ）波の下落波動がまだまだ継続していく可能性もあります。見切り発車で買ったうえに（ⅴ）－ⅴ説にこだわって保有し続けると、かなり大きな含み損を抱えることになりかねません。以上のような事態を避けるためには、

**・（ⅴ）波の完成を確認してから買う**
**・ⅴ波の完成を確認してから買う**

というように、何らかの波動の完成を確認してから買う作戦が有効です。

図6-3

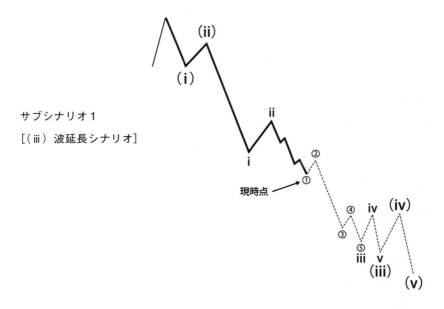

サブシナリオ1
[(ⅲ) 波延長シナリオ]

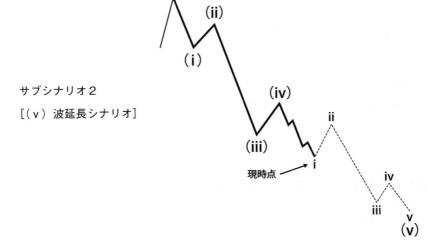

サブシナリオ2
[(ⅴ) 波延長シナリオ]

（ⅴ）波の完成を確認するというのは、具体的には反転した株価が（ⅴ）波の始点を超えることですし、ⅴ波の完成を確認するというのは反転した株価がⅴ波の始点を超えることです。

（ⅴ）－ⅴと思われる波の完成を確認しても、まだ（ⅲ）波延長説や（ⅴ）波延長説が拭い去れるわけではありません。これらの場合、完成を確認した波は（ⅴ）－ⅴではないカウントの波になります。

また、図6－4のようなケースもあります。（ⅴ）波のⅳ波、ⅴ波と想定していたところが、ⅳ波が拡大型フラットとなったことで、実際にはⅳ波の副次波の&#9398;波、&#9399;波だった、というケースです。

この場合にはⅳ波の終点＝ⅴ波の始点と想定していた水準［実際にはⅳ波の&#9398;波の終点であった水準］まで反転したところで買い、その後、ⅴ波の終点と想定していた水準（＝実際には拡大型フラットの&#9399;波の終点だった水準）で損切り、ということになります。そして、改めて買いポイントを探すことになります。

いずれにしても、このようにⅴ波の始点と想定した水準まで反転したところを買いポイントとすると、その後、思うように上昇せずにⅴ波の終点と想定した地点を割り込んだ時点で「想定は間違っていた」とはっきり認識することができて、損切りがしやすくなります。つまり、合理的に損切りができるわけです。

## 4）「ⅴ波完了」を確認して買う場合の戦略のまとめ

さて、図6－1のケースの戦略、すなわちⅴ波の完成を確認して買う戦略［正確には、ⅴ波と想定される波の完成を確認して買う戦略］について考えると、298ページの図6－5のようになります。

図6－4

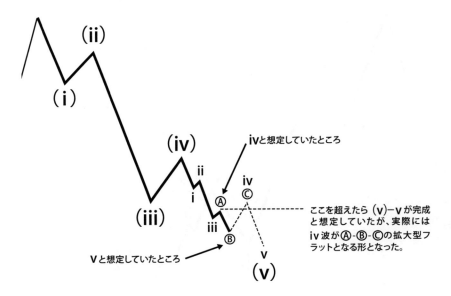

まず、iv波終点［＝ v波始点］まで反転してきたところを買いポイントとします。上値のターゲットは（iv）波終点です。
　そして、(v) − v波終点と想定したポイントを損切りポイント（STOP）と考えます。

**図6−5　v波完了を確認して買う戦略**

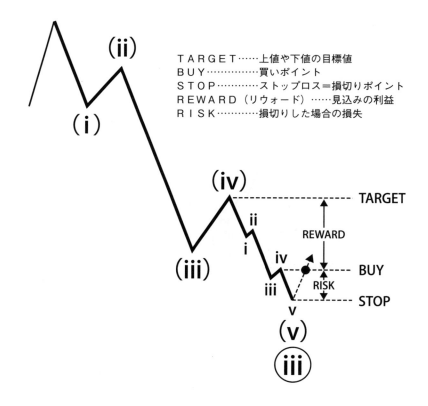

## 第2節
# 有効な投資戦略とリスク管理の考え方

**1）リスク・リウォード・レシオについて**

　図6-5で示したトレード戦略で注目していただきたいのは、成功してターゲットで利益確定できた場合の利益とＳＴＯＰに引っかかった場合の損失の比率です。この想定される利益（リウォード）と、想定される損失（リスク）の比率（レシオ）がリスク・リウォード・レシオです。

図6-6　この指標が「2」以上のチャンスを狙いたい

$$\text{リスク・リウォード・レシオ} = \frac{\text{リウォード（想定される利益）}}{\text{リスク（失敗した時の損失）}}$$

RISK・REWARD・RATIO

図6-5はイメージ図なので具体的な数値が書かれていませんが、この想定されるリウォードがリスクよりも十分に大きければ、それは割の良いトレードと考えられる、ということです。

　リスク・リウォード・レシオは最低でも2倍が望ましいですし、3倍とか5倍ならさらに望ましいところです。


## ２）大きな階層の波の完成を狙う

　トレードで成功するために大事なのは、以下の2要素を高めることです。


**・成功確率**
**・リスク・リウォード・レシオ**


　ところが、この2要素には矛盾した面があります。成功確率を高めるには値動きをよく見極める必要がありますが、値動きを見極めようとすればするほどエントリーポイントが遅れてしまいリスク・リウォード・レシオが低くなってしまいます。

　逆にリスク・リウォード・レシオを高めようと思って性急にエントリーしてしまうと、成功確率が低下してしまいます。

　この矛盾した2つの要素をできるだけ同時に高めるためには、できるだけ大きな階層の波動の完成を狙うことです。


　例えば、図6-7の「BUY」と書いてあるポイントは、マイクロ級の⑤波で完結したと想定される下落波動に対して反転する動きが④波終点まできたところです。

　この④波終点を買いとする戦略がターゲットとして想定できるのはサブミニュエット級のiv波終点ではなくて、それより二回り大きい階

300

図6-7

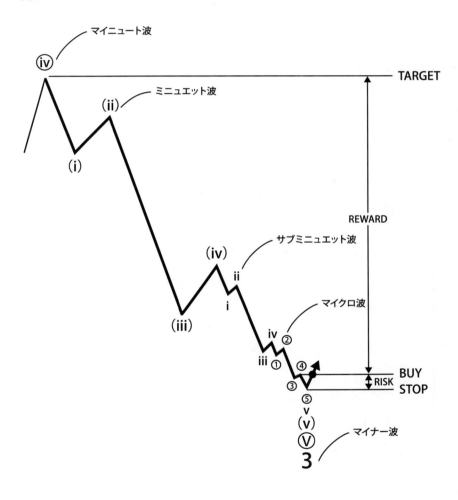

層であるマイニュート級の⑯波終点です。

　株価が反転してマイクロ級の④波終点を超えたことで①波〜⑤波、つまりサブミニュエット級のv波が完成した可能性出てきたと考えられ、それと同時にそれより一回り大きいi波〜v波、つまりミニュエット級の（v）波も完成、さらにはもう一回り大きい（ⅰ）波〜（ⅴ）波、つまりマイニュート級の⑯波も完成し、さらにもう一回り大きな①波〜⑰波、つまりマイナー級の3波も完成したと考えられるからです。

　このようにエントリーのタイミングを計るために着目している波動よりも二回り、三回りと大きな波動が完了した可能性があるケースでは、成功確率をある程度維持したままリスク・リウォード・レシオをかなり上げることができます。

図6−8　エリオット波動によるトレードの3大ポイント

①インパルス5波の副次波4波終点（事例ではv−④終点）
　を超えたところで買う

②5波終点にSTOP（損切りポイント）　を置く

③大きな階層の波動の完成を確認して買い、リスク・リウォー
　ド・レシオを上げる

### 3）リスク管理

　トレードで持続的に成功していくためにリスク管理は必須です。その意味で、損切りラインの設定は重要ですし、リスク・リウォード・レシオを意識することも重要です。

　損切りラインの設定については、単純に「何％マイナスになったら」と考えるのではなくて、基本的には「このラインを割り込んだら想定が破たんする」というように、波動分析上、合理的なポイントに設定するべきだと思います。

　リスク管理でもうひとつ重要なのは、自分のリスク許容度、損失の許容金額をハッキリ意識するということです。そんなに大きな損失を受け入れられない状態なのであれば、想定される絶対的な損失金額を初めから小さくする必要があります。

　そのための方法としては、以下の2つの考え方があります。

**①エントリーポイントと損切りラインの距離を小さくする**
**②投資金額を下げる**

　①の「エントリーポイントと損切りラインの距離を小さくする」ためには、「できるだけ大きな波の完成のタイミングで、小さな波の階層におけるエントリーポイントを探る」ことが必要になります。

　②はごく簡単なリスクコントロールの基本です。投入金額を下げれば下げるほど、損切りしたときの損失金額は少なくなります。

　①と②の2つのポイントを意識して、自分に合ったリスクコントロールをしていきましょう。

# 第3節
# ダイアゴナルにおけるトレード戦略

**1) リーディングダイアゴナルか、エンディングダイアゴナルか**

今度は、図6-9のように、ミニュエット級の（ⅴ）波と思われる位置でダイアゴナルと想定される波形が出現したケースを考えてみましょう。

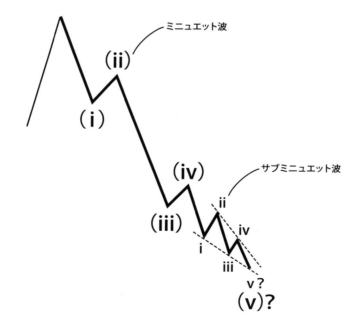

図6-9

このダイアゴナルと思われる波形は、大きさの点で（ⅰ）波や（ⅲ）波とのバランスを考えてもこれがエンディングダイアゴナルとなって（ⅰ）波〜（ⅴ）波が完了という想定をメインシナリオとして描けるところです（図6－10）。

　しかし、まだ、このダイアゴナルと思われる波形は（ⅴ）波の副次波の1波目、つまりリーディングダイアゴナルである可能性も排除できませんので、これをサブシナリオ1として想定しておくべきです。

　こうしたケースでは3－3－3－3－3型のダイアゴナルならエンディングダイアゴナルの可能性が高く、5－3－5－3－5型のダイアゴナルならリーディングダイアゴナルの可能性が高いということも判断材料として考慮しましょう。

図6－10

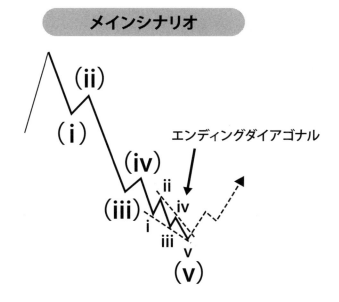

図6-11

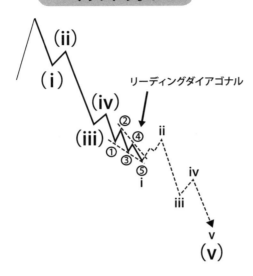

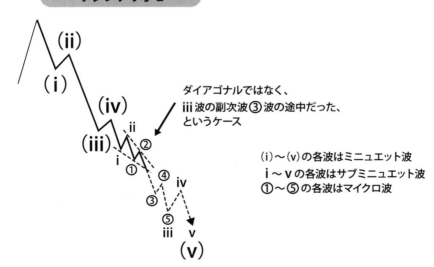

(i)〜(v)の各波はミニュエット波
i〜vの各波はサブミニュエット波
①〜⑤の各波はマイクロ波

さらには、図6－11のサブシナリオ2のように、ダイアゴナルと思われたところが延長するミニュエット級の（ⅴ）波のⅲ波の③波の途中であった、というケースも考えられます。
　このように、メインシナリオやいくつかのサブシナリオを想定したうえで、メインシナリオに基づくトレード戦略を考えてみましょう。
　メインシナリオはダイアゴナルと思われる波形をエンディングダイアゴナルと想定していますが、図6－10の段階ではすでにダイアゴナルの5波まで出現しているので、これでほぼ（ⅰ）波～（ⅴ）波が完成した可能性が考えられます。となると、「この時点で買ってもいいのではないか」という考えも出てくるところです。

　しかし、実際に想定通りエンディングダイアゴナルだとしても、図6－12のように最後の5波目がスローオーバーすることがしばしばあります。

図6－12　ダイアゴナルの5波目がスローオーバーすることも

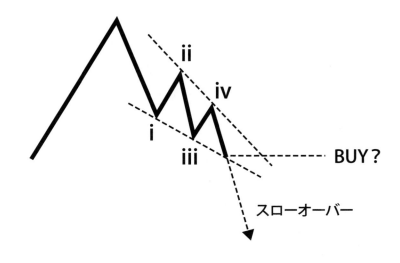

ですから、図6−12のように「5波が下値線に到達した」と、見切り発車的に買ってしまうと、その後、スローオーバーの動きに引っかかってしまう可能性もあります。この状況に陥ると損切りポイントも明確でなく、持続か損切りかの判断にかなり悩んで苦しみます。

この場合、買い下がる戦略も考えられますが、エンディングダイアゴナルの想定が間違いで、サブシナリオ1、2のようなパターンになる可能性もあります。図6−10のエンディングダイアゴナルを想定して買い下がった結果、図6−11のサブシナリオ1や2のようなパターンにはまってしまうと、かなり苦しい状況に陥ります。

アメリカの著名なエリオット波動の専門家である Wayne Gorman 氏と Jeffrey Kennedy 氏が書いた『Visual Guide to Elliott Wave Trading』（15 ページ参照）には、収縮型のダイアゴナルの5波は3波の大きさを超えることはないので、5波が3波の大きさを超えるポイントをストップにする、という考え方が示されています。これは両氏が推奨している戦略というわけではありませんが、アグレッシブなトレードのやり方としてはあり得ると書いています。

この考え方によると、図6−13のように、トレンドラインに到達したあたりで買い、5波（図6−13ではⅴ波）の大きさが3波（同ⅲ波）の大きさを超えるポイントをストップにするという戦略になります。

しかし、著者がこれまで観察してきたところでは、収縮型ダイアゴナルにおいて、5波が3波の大きさを超えてスローオーバーしてしまうということはしばしば起きます。特に、分足など短い時間軸の動きの中ではわりと頻繁に起きます。つまり、ダイアゴナルの副次波の5波がスローオーバーして、3波の長さを超えたところでダイアゴナ

図6－13　Gorman & Kennedy のこの戦略は正しいか

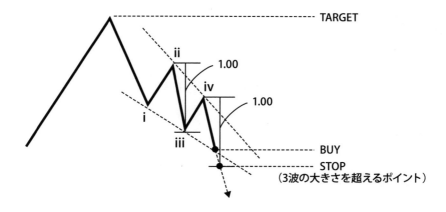

ルが終点を迎え、そこから本格的に反転するというケースも多々ある
わけです。

　こうなると、ダイアゴナルの5波が下値ラインに到達したポイント
で買った場合、合理的な損切りポイントが見つけられない、というこ
とになります。「合理的な損切りポイント」というのは、あくまでも「シ
ナリオが破たんした可能性が高くなったと考えられるポイント」とい
うように考えるべきです。

　以上のことからも、ダイアゴナルの買いポイントは、その波形の完
了を確認してからにしたほうがスムーズにいきやすく、合理的な損切
りポイントも見つけやすい、ということが言えると思います。


## 2）ダイアゴナル完成を確認できるポイントは？

　ダイアゴナルの完成をほぼ確認できると思われるのは、図6－14
のようにダイアゴナルの形が完成した後に反転してiv波の終点（BUY
4）を超えたところです。ここがひとつの買いポイントと考えられま
す。

　しかし、現実的には、iv波終点を超えるところまで待つとエントリー
のタイミングとしてはかなり遅れてしまいリスク・リウォード・レシ
オの面からは良いチャンスを捉えづらくなることが多いです。

　iv波の終点まで待たなくても、ⅴ波の副次波の®波終点を超えてき
たら、ダイアゴナルが確定した可能性がかなり高まりますので、ここ
が有効な買いポイント（BUY3）になると思われます。

　さらには、©波の副次波の（4）波終点［＝（5）波始点］を超え
てくると©波が完了する可能性が高まり、ⅴ波完了の可能性も高まる
ので、ここが最初の買いポイント（BUY2）と言えます。

　あるいは、上値ラインを超えてきたポイント（BUY1）もダイア
ゴナルの形が確定するひとつのサインと考えられますので、ここも買

図6－14

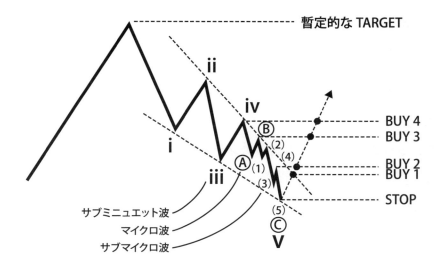

いポイントといえます。このように、ダイアゴナルには４つの買いポイントが考えられることになります。

図６－14のケースでは、ＢＵＹ２のところではＢＵＹ１もクリアしていますので２つの買いの根拠があることになり買いポイントとしては有力なポイントと思われます。

エンディングダイアゴナルが終了した後の波動については、ダイアゴナルの始点が暫定的なターゲットになります。

損切りラインはｖ波終点と想定したところです。ここを割り込んだら想定が破たんしたといえるからです。

このようにポイントを整理して、リスク・リウォード・レシオの面で有利ならばそれは有力なトレード戦略になると思われます。

## ３）５－３－５－３－５型のエンディングダイアゴナルのケース

５－３－５－３－５型のエンディングダイアゴナルは決して一般的とはいえず特殊なケースではありますが、売買ポイントを考えてみたいと思います。

この波形ではⅳ波終点＝ＢＵＹ３が図６－14のＢＵＹ４に相当するところで、ダイアゴナルという波形の完了と上昇トレンドの開始がほぼ確認できるところです。

しかし、それより手前のポイントであるｖ波の副次波の④波終点のところまでくればｖ波の完成＝ダイアゴナルの完成の可能性は高まります。このＢＵＹ２のポイントはＢＵＹ３のポイントよりも確度は劣りますが、リスク・リウォード・レシオは魅力的であり、有効性の高いエントリーポイントと考えられます。

また、上値線を超えた場合もダイアゴナルが完成したサインとしてはある程度有効性があります。図６－15ではここをＢＵＹ１と記し

312

ています。

　ＢＵＹ２のところまで来ると、だいたいＢＵＹ１もクリアしていますので、このＢＵＹ２のポイントがある程度確度の高いエントリーポイントといえると思います。

図６－15　５－３－５－３－５型ダイアゴナルの買いポイント

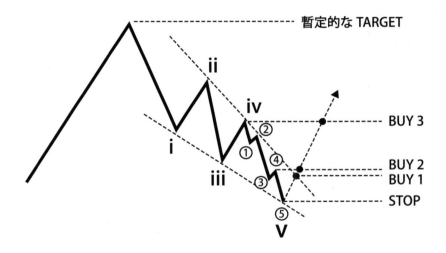

## 第４節
# トレンド発生を示唆するインパルス

### １）底値からインパルスが発生したら

　さて、（ⅴ）波がインパルスで完了するパターンとエンディングダイアゴナルで完了するパターンの２パターンについて、そのあとの反転の動きに乗るトレード戦略を考えてみました。

　エントリーした後は、波動をカウントしながら、ターゲットの水準まで進む動きを確認します。

　そのときに、図６－16の太線のように上向きに反転する動きがインパルスと想定される波形が確認されたら、それはさらなるトレードチャンスの到来を示唆する重要なサインといえます。

　今までの下落の動きと反対方向に、インパルスなりダイアゴナルなりの５波動の推進波が確認されたら、それはそれより一回り大きな上向きの波動が開始したサインです。その一回り大きな上向きの波動の波の階層についてはまだ確定されませんが、それまでのマイニュート波やミニュエット波などとの大きさとの比較やガイドラインなどから考えていくことになります。どの階層の波か確定できないとしても、太線のインパルスと思われる動きは、それより一回り大きな上向きの波動がスタートしたと判断できる材料になります。

図6-16

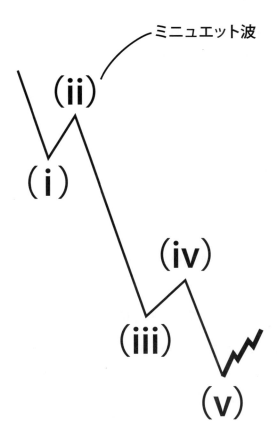

スタートした波が修正波の一部だとすると、それはジグザグの可能性が高いと考えられます。しかし、そのジグザグをA波（※ここでのA波とは、具体的な階層を指定しているものではなく、修正波の副次波の1番目の波という意味です）とするフラットやトライアングルになる可能性やジグザグからスタートする複合修正波も想定しておく必要があります。

　この場合、太線のインパルスに続いて、それに対する下向きの修正を挟んで、もう一度、太線のインパルスと同程度の上昇が起こると考えられます。

　また、底値からスタートしたインパルスが、一回り大きなインパルスの一部ならば太線と同じ階級の上向きの推進波があと2回残されていると考えられます。

　どちらにしても、一度下落した後に、最低でももう一度、太線と同じ階級の上昇波動が起きる可能性が高いと考えられます。

　ということは、太線のインパルス完成後の、下向きの修正波が完成した可能性を示すサインが買いシグナルになると考えられます。


## 2）インパルスの直後の修正波の完成を狙ってトレードする

　1波にしろA波にしろ、「最初の波」としてのインパルスと想定される動きを見つけたら、それに続いて出現した修正波が完成した可能性を示唆するサインを確認して、次のインパルスを狙うのがトレードの基本的な考え方になります。

　まずは、修正波の中で最も基本的な波形であるジグザグの完成を狙ったトレードについて考えてみましょう。

## 第5節
# ジグザグにおけるトレード戦略

**1）ジグザグにおけるエントリーポイント**

ジグザグの完成を狙ったトレードの買いのエントリーポイントとして考えられるのは図6－17のように2つあります。

図6－17

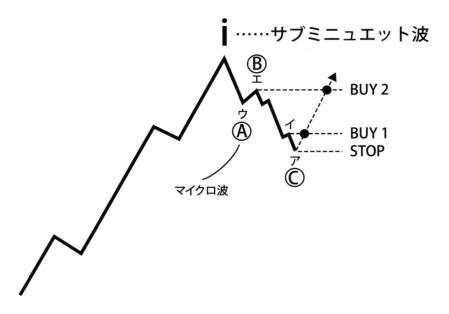

Ⓐ－Ⓑ－Ⓒと想定できる波動の後に反転して図のイのポイントまで来たところとエのポイントまで来たところです。

　エのポイントまで来ると、Ⓐ－Ⓑ－Ⓒの波動が修正波であることがほぼ確定し、Ⓒの終点（アの地点）で底打ちした可能性が高まります。

　一方、イのポイントまで来ると図6－17の中のⒸの副次波の5波と想定される波が完成したことが確認され、Ⓒ波の完成、さらにⒶ－Ⓑ－Ⓒの波動の完成の可能性が出てきます。

　ただし、図6－18のように、株価がイのポイントを超えてもまだA波の副次波の4波にすぎない可能性もあります。そのためにイのポイントでエントリーした場合で、アのポイントを割り込んだら想定が破たんしたと考えて損切りをする必要があります。

　このように、株価が図6－17のイのポイントを超えることを、「Ⓐ－Ⓑ－Ⓒがジグザグであることを確定させるポイント」と考えてエントリーポイントとするのは、エのポイントを同様にエントリーポイントとすることに比べると、やや確度は劣ります。しかし、イのポイントをエントリーポイントにすると、図6－19のようにリスク・リウォード・レシオを高めることができる点は魅力です。エのポイントよりは損切りの頻度は上がってしまいますが、現実的なトレードポイントとしては有効性が高いと思います。

## 2）上値ターゲットは？

　このトレードの上値のターゲットはいくつか考えられますが、最初のインパルスと同程度、もしくは、その1.618倍に上昇した水準が暫定的なターゲットになります。本書では保守的に最初のインパルスと同程度上昇した水準を暫定的なターゲットとして図示しています。

　もちろん、同じ階級の推進波どうしでも大きさがかなり異なるケー

図6 − 18

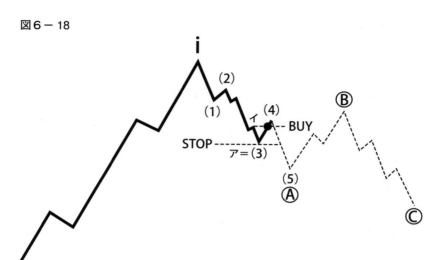

図6 − 19 ２波あるいはＢ波のジグザグのトレード戦略１

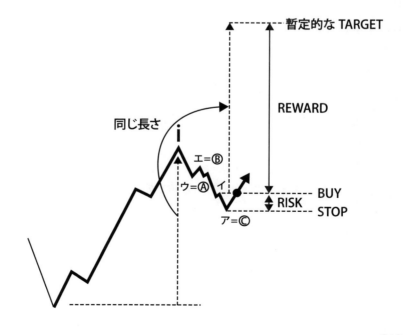

スもあり、1倍や1.618倍とはだいぶ異なる比率になることもあります。しかし、とりあえず同程度か1.618倍くらいの大きさになると想定するのは常識的といえると思います。少なくとも次に起きると想定される推進波は最初のインパルスの終点を超えていく可能性は高く、最初のインパルス終点が最低限の上値ターゲットになります。

実際の利食いポイントは、新しく発生するであろう上向きの推進波が5波動完成して、その後発生する下向きの波動の売りのエントリーポイントとするのが基本です。つまり、買いポジションの利食いポイントは、常に、売りのエントリーポイントと同じになります。

ただし、上向きの推進波が5波動完成したと考えられるポイント、あるいは完成しそうだと考えられるポイントで一部利食い売りをしてもいいでしょう。

当初の想定としては、図6－19に示したように、買いポイント（BUY）、ロスカットポイント（STOP）、利食いのターゲットが考えられます。そして、リスク・リウォード・レシオが十分に高いと考えられる場合にはトレードに入ります。

図6－19の続きですが、ウのポイントを突破すると、図6－18のように、まだⒶ波としてインパルスが展開している途中である可能性はほぼ否定されます。そして、すでにⒶ－Ⓑ－Ⓒのジグザグが完成したか、そのジグザグをⒶとしたフラットやトライアングルなどの展開途中である可能性が高まります。

しかし、Ⓐ波がダイアゴナルを形成中である可能性はまだ残ります。

では、株価がエのポイントを超えてきたらどうでしょうか。この場合、エからアまでの動きがひとつの波動として完了したことがほぼ確定し、アのポイントまでの下落でⒶ－Ⓑ－Ⓒのジグザグの形がほぼ確定したと考えられます（もちろん、そのジグザグをA波とするフラッ

320

トやトライアングルなどになる可能性も考えられますが、価格修正についてはアのポイントでほぼ終わった可能性が高まります）。

したがって、このエが２つ目のエントリーポイントとなります。この場合のトレード戦略は図６－20のようになります。リスク・リウォード・レシオが十分魅力的でかつ、ＳＴＯＰに到達してしまったときのＲＩＳＫが許容できる範囲ならば、エントリーしていきます。

今考えた２つのエントリーポイント（図６－19のイとエ）は成功確率とリスク・リウォード・レシオの点で一長一短あり、状況によって使い分けたり分散してエントリーしたりしていきましょう。

図６－20　２波あるいはＢ波のジグザグのトレード戦略２

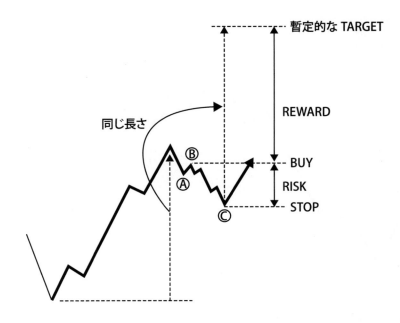

このケースでも、上値ターゲットは暫定的に前のインパルスと同じ大きさの推進波が発生する前提にしています。実際には、波動をカウントしながら上値の目処や利食いポイントを探していく必要があります

## 3）修正がジグザグ完成の後も続くケース

　ジグザグ完成を確認することによるトレード戦略を考えましたが、すでに何度も述べたように、ジグザグの完成が確認されても、そのジグザグからスタートするフラットやトライアングルや複合修正波へと展開する可能性もあります（図6－21、22）。

　しかし、それでもジグザグの副次波C波［図6－21～22においてはⒶの（C）もしくはⓌの（C）］の終点が当面の安値になった可能性は高まります。

**図6－21　ジグザグがフラットに発展するケース**

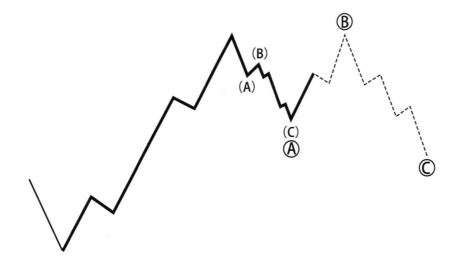

図6－22

◆ジグザグがトライアングルに発展するケース

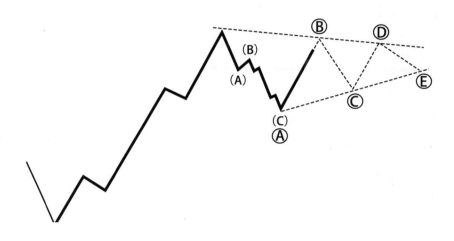

◆ジグザグがダブルジグザグに発展するケース

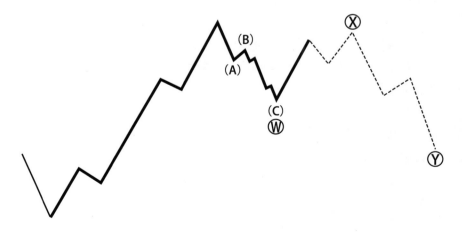

## 第6節
# フラットにおけるトレード戦略

### 1）ジグザグシナリオが崩れたら……

　図6-23のようにフラットが形成される場合には、その最初の副次波であるⒶ波＝ジグザグが出現した時点では、これで修正局面が終わった可能性も考えられるところです。

　その場合には、Ⓐ波の副次波（Ｃ）波の４波終点を超えたところや、（Ｂ）波終点を超えたところを「買いポイント」と考えます。これらが図6-23の中で「ＢＵＹ１」「ＢＵＹ２」と記されています。このときに設定する損切りラインは「ＳＴＯＰ１」と書いたポイントです。

　この後に上昇し始めると、Ⓑ波の（Ｃ）波のところまでは、「新しいインパルスが順調に進んでいて、今はその３波目ではないか」という想定できるところです。

　しかし、その後下落してⒷ波の（Ｂ）の終点を割り込んでしまったら、それまでの上昇波、つまりⒷ波の部分が３波動構成のジグザグとほぼ確定されます。

　ここまで来ると、図6-23の中のⒶ波もⒷ波もジグザグであり、Ⓑ波終点がⒶ波始点を超えているので拡大型フラットの可能性も考えられます。

**324**

### 図6－23 ジグザグからフラットに発展した場合の売買戦略

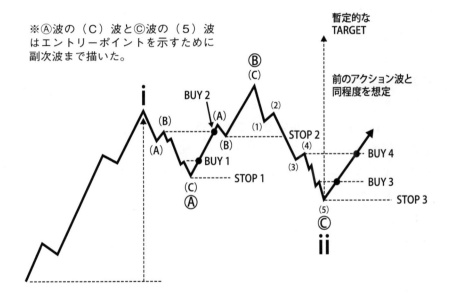

Ⓐ波が終了した直後は修正が完了して、その後上向きのアクション波が開始したと想定して、「ＢＵＹ１」「ＢＵＹ２」で買う。しかし、上昇波が３波動で終わってしまったと認識したら、「ＳＴＯＰ２」でいったん損切りして、次はⒸ波完了を確認することで買いポイントを探る

## ２）想定＆戦略を切り替える

　その他にも図６－24のように２種類のトライアングルへと展開していくことも想定できます。

　そこで、図６－23の「ＳＴＯＰ２」と書いたポイント（＝上向きのインパルスが進展中であるというシナリオが破たんしたポイント）ではいったんポジションを閉じて、拡大型フラットかトライアングルを想定してその完成を待って改めてエントリーを狙います。そしてⒸ波の展開を観察しますが、それがインパルスやダイアゴナルの波形になり、Ⓐ－Ⓑ－Ⓒは拡大型フラットとなった可能性が高まったと判断できたら「ＢＵＹ３」「ＢＵＹ４」のポイントで改めて買います。

　拡大型フラットが完成した後は、その直前のアクション波と同程度の上昇波動が起きると想定できますので、ⅰ波の大きさの１倍の上昇を暫定的なターゲットとして考えます。図６－23のケースではＢＵＹ３でエントリーしてもＢＵＹ４でエントリーしても、リスク・リウォード・レシオはある程度魅力的な比率が期待できそうです。

　なお、フラットのＣ波はダイアゴナルになるケースもありますが、その場合は304ページで考えたようなダイアゴナルにおける売買戦略が使えます。

　Ⓒ波がインパルスかダイアゴナルにならず修正波で終わったら図６－24のようなトライアングルか複合修正波のシナリオが考えられます（複合修正波のシナリオはここでは図示していません）。トライアングルのトレード戦略は本章第８節をご参照ください。複合修正波になった場合は最後のアクション波であるＹ波かＺ波がジグザグ、フラット、トライアングルなど何らかの修正波になるので本章の各波形のトレード戦略をご参照いただければと思います。

326

図6-24

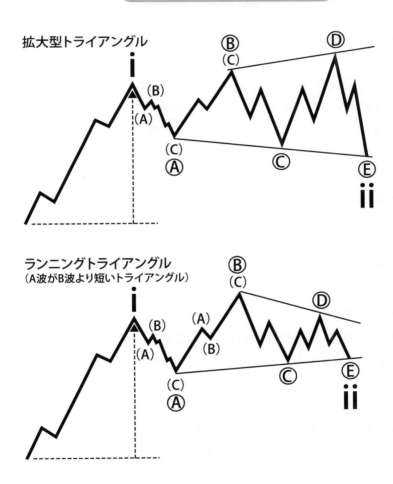

※2波（この場合はⅱ波）がトライアングルになるケースはほとんどありません

## 第7節
# ダブルジグザグにおけるトレード戦略

　図6-25のようにダブルジグザグになる場合について考えてみましょう。すでに見たように、ひとつ目のジグザグが形成された後にそれで修正が終了ではないかと想定して買い戦略を取りますが、まだ修正波が続いているようだと確認したところでいったんポジションを解消して再度買いタイミングをはかります。

　図6-25では下向きのジグザグの Ⓦ波に続いて上向きのジグザグの Ⓧ波が出現した形になっています。フラットと想定するには上向きに展開する2つ目のジグザグのの Ⓧ波の戻りがやや小さかったですし、それに続いて下向きに展開する3つ目の波が最初のジグザグの安値を割り込んでジグザグの Ⓦ波の波形に展開していったので、ダブルジグザグが候補になります。

　ダブルジグザグなら、3つ目の副次波である Ⓨ波が完成したことを確認して再度エントリーを狙います。Ⓨ波がジグザグの展開になってきたら、その副次波の（C）波完了の形から上昇に転じたあと、図6-25のように「ＢＵＹ３」「ＢＵＹ４」と2つのエントリーポイントが考えられます。このときの最初の買いポイントである「ＢＵＹ３」はインパルスの4波終点となりますが、インパルス4波終点がいつでもエントリーポイントの基本となる点に改めて注目してください。

　このときの損切りポイントは「ＳＴＯＰ３」のところ、ターゲットは前のアクション波と同程度の大きさということになります。このような

**328**

想定でリスク・リウォード・レシオが有利ならトレードを実行します。

図6－25

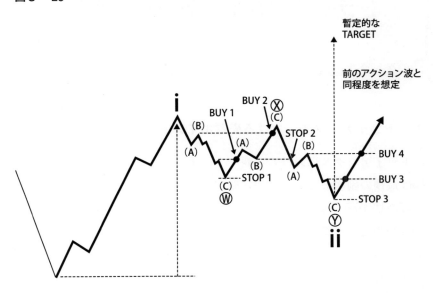

売買ポイントを示す都合上、Ⓦ波とⓎ波の（C）波だけ副次波を描いています

## 第8節

# トライアングルのトレード戦略

## １） トライアングルにおける売買ポイントの考え方

　トライアングルにおけるトレードのエントリーポイントは、基本的には最後の副次波であるＥ波が確定するポイント、あるいはＥ波確定の可能性が高くなるポイントとなります。図6－26のケースでは、Ⓔ波が確定することを確認してエントリーする、ということになります。

　Ⓐ－Ⓒライン上をメドにⒺ波終点でエントリーを狙いに行くという考え方もありますが、Ⓔ波がⒶ－Ⓒラインできっちり終結せずにスローオーバーしたり、想定以外の波になっていくケースもあります。スローオーバーした場合には、それがスローオーバーなのかトライアングルシナリオの破たんなのかの判断がハッキリとできず、かなり苦悩することになります。ですから、基本的にはⒺ波の完成を確認するかその可能性が高まるポイントがクリアされることを確認してエントリーする方法のほうが、比較的スムーズにトレードできると経験上思われるわけです。

　この図6－26のように、Ⓓ波終点の水準を買いポイント（ＢＵＹ6）、Ⓔ波終点の水準を損切りポイント（ＳＴＯＰ2）、トライアングルの一番大きな副次波と同じ大きさだけ上昇した地点を上昇のター

図6−26

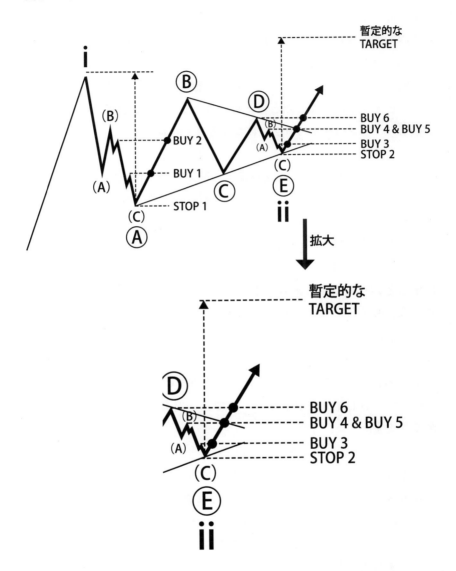

※2波（この場合は ii 波）がトライアングルになるケースはほとんどありませんが、他の位置にトライアングルが出現してもトレード戦略の考え方は変わりません

ゲット、とする最もオーソドックスな戦略と考えられます。

　Ⓔ波の波形が整ったうえで株価がⒹ波終点を超える動きになってきたらこのⒺ波が確定し、それと同時にⒶ〜Ⓔで構成されるトライアングルの波形もほぼ確定すると考えられるからです。そして、この場合には、その後あまり上昇しないままⒺ波終点と想定したポイントを割り込んでしまうと想定が破たんしたと考えられるので、このⒺ波終点のポイントが損切りライン（ＳＴＯＰ２）になると考えられます。


　しかし、現実的には、Ⓓ波の終点を超えるのを待っていると、リスク・リウォード・レシオの点であまり有利な条件が得られなくなってしまうことが多いです。

　そこで、もうひとつの戦略として、Ⓔ波の副次波の（Ｂ）波終点を買いポイント（ＢＵＹ４）、Ⓔ波終点を損切りポイント（ＳＴＯＰ２）にするという戦略が考えられます。Ⓔ波の副次波のＢ波終点を超えてくれば、Ⓔ波はほぼ確定した可能性が高いからです。

　また、Ⓑ−Ⓓラインを超えてくることもトライアングルの完了を示唆するひとつのサインであり買いポイント（ＢＵＹ５）と考えられますが、図６−26ではⒺ波の（Ｂ）波終点を超えるポイントとほぼ重なります（ＢＵＹ４＆ＢＵＹ５）ので、一層有力なサインと見ることができます。


　さらに早い段階の買いサインとしては、Ⓔ波の（Ｃ）波の副次波の４波終点を超えたポイントがあげられます（ＢＵＹ３）。トライアングルが確定したと見るには確度はやや劣りますが、リスク・リウォード・レシオの点ではかなり魅力的なエントリーポイントと言えます。

　いずれも損切りポイントはⒺ波終点ですが、もしこの戦略でストップに引っかかったら、一度損切りして、もう一度、エントリーポイントを探るようにします。

## 2）Ⓐ－Ⓒライン上でⒺ波終点を狙う戦略について

　Ⓐ－Ⓒライン上でⒺ波終点を狙いエントリーする戦略については先ほどややネガティブな評価を書きましたが、この件をもう少し詳しく考えてみましょう。

　例えば、図6－27のように、損切りラインをきちんと設定したうえでⒶ－Ⓒライン上で買う戦略はどうでしょうか。リスク・リウォード・レシオなどの点でも魅力的ならば、そうしたトレード戦略を取ることも考えられるでしょうか。

　この場合、ストップロスを置くポイントはⒸ波の終点としていますが、それでいいでしょうか。

図6－27　この戦略は合理的か？

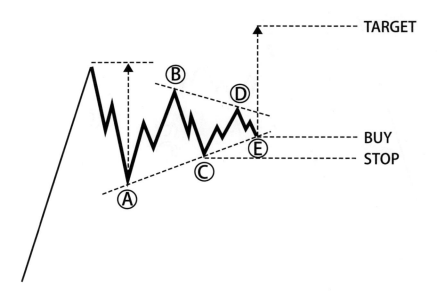

ⓒ波終点と想定したポイントを割り込んでしまった場合でも、図6
－28のようにトライアングルが継続している可能性は残ります。ト
ライアングルのⓒ波の終点と想定していたところ（図6－27）は、
ⓒ波の副次波の（A）波、あるいは（W）波の終点の位置に過ぎず、
少し大きめに振幅してジグザグ、あるいは複合修正波の波形のⓒ波を
形成中である可能性が残されている、というわけです。

　実際このようなケースは珍しくありません。こうした可能性も十分
にあることを考えると、図6－27のように、この図のⓒ波終点のと
ころに損切りラインを置くのはあまり合理的とは思われません。損切
りした途端に上昇していくという可能性が十分にあるわけですから。

図6－28

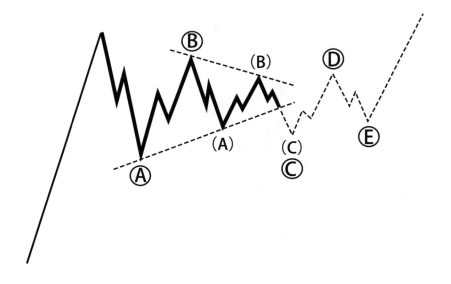

また、図6－29のようにⒶ波の終点と想定したところも割り込んでしまったら、この場合には、トライアングルシナリオはほぼ破たんです。したがって、ここ（Ⓐ波終点を割り込むところ）は、トライアングルにおけるトレード戦略の最終的な損切りポイントといえます。

　株価がⒶ波終点と想定していたところを割り込んだ場合には、もし、そのⒶ波と想定した部分が5波動にもカウントできるならば、図6－29のように推進波①－②－③……か、下向きの修正波Ⓐ－Ⓑ－Ⓒが進展しているシナリオが考えられます［※1－2－3……なのか、A－B－Cなのか、今のケースでは①－②－③なのか、Ⓐ－Ⓑ－Ⓒなのかは、さらにその後の展開を予想するのに重要な問題になってきますが、それは波形、波カウント、より大きな段階の波の状況を見て判断していくことになります。264ページを参照してください］。

図6－29

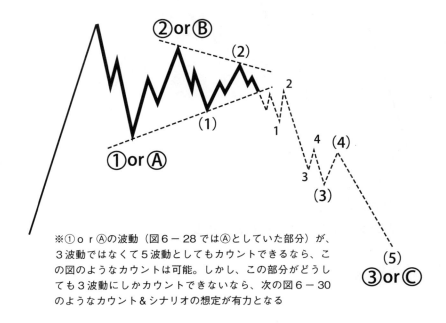

※①orⒶの波動（図6－28ではⒶとしていた部分）が、3波動ではなくて5波動としてもカウントできるなら、この図のようなカウントは可能。しかし、この部分がどうしても3波動にしかカウントできないなら、次の図6－30のようなカウント＆シナリオの想定が有力となる

あるいは、図6－30のようなダブルジグザグ説や、このダブルジグザグを Ⓐ波としてスタートするトライアングル説やフラット説なども考えられます。

　いずれにしても、トライアングルの最初の副次波であるA波（図6－28では Ⓐ波）の終点、あるいは（A）波と想定していた水準を割り込んでしまったら一度損切りして、相場を観察しなおして改めて戦略を立てるのがよいと思います。

図6－30

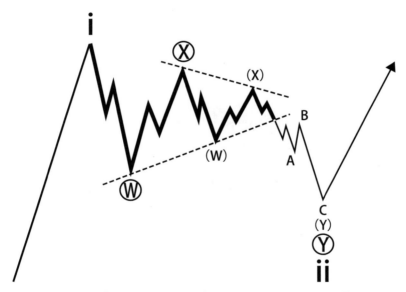

ジグザグ（Ⓦ）－ジグザグ（Ⓧ）－ダブルジグザグ（Ⓨ）という構成で、全体的に複合修正波のダブルジグザグ

以上のように波動が進行中の段階でそれがトライアングルかどうか
を判断するのは結構難しくて、一見、トライアングルに見えてもその
後さまざまなパターンに進展していくシナリオが考えられます。です
から、図6－27のⒺ波の終点を狙った買いをⒶ－Ⓒライン上で見切
り発車的に行ってしまうと、その後かなり苦しむことになる可能性が
あります。

　こういうことを避けてもっとスムーズにトレードしたい場合には、
やはり図6－26で示したように、Ⓔ波までの波動が完了したことを
確認するか、Ⓔ波完了の可能性が高まったと思われるポイントまで株
価が反転することを確認してエントリーしていくか、トライアングル
の最初の波であるⒶ波の副次波である（C）波の4波終点（ＢＵＹ１）
でエントリーしてホールドする戦略が合理的だと思います。


　以上、ジグザグ、フラット、トライアングルと修正波の基本3波形、
さらにダブルジグザグの買いポイントについて考えました。

　その他、複合修正波のケースも、その副次波の最後の波はこの3つ
の基本波形のいずれかになりますので、エントリーポイントの考え方
は基本的に同じになります。

## 第9節

# インパルスの利食いポイント

### 1）利食いポイントの考え方

　さて、また、図6－17の続きにもどりましょう。

　大きな下降トレンドを終えて、「最初の上昇のインパルスの発生を確認したら、その次に起きる修正波の完成を狙ってエントリーする」ということでした。そして、修正波の基本3波形のエントリーポイントを考えたわけです。

　エントリーした後は、エグジットポイント（買っている株を売却したり、空売りしている株を買い戻したりして清算するポイント）を考えます。損切りのポイント（ストップ）についてはすでに考えました。

　利食いポイントについては、ターゲットを計算してそこで売るという考え方もありますが、基本的には上昇波動の終了を確認して（＝下落波動の発生を確認して）売る、ということになります。

　インパルスにおける利益確定は、図6－31のように、iii波の副次波の⑤波のさらに副次波の（5）波まで確認した後に、（5）波の始点［＝（4）波の終点］を割り込むところにＳＥＬＬのポイントを置いて行います。

図6－31

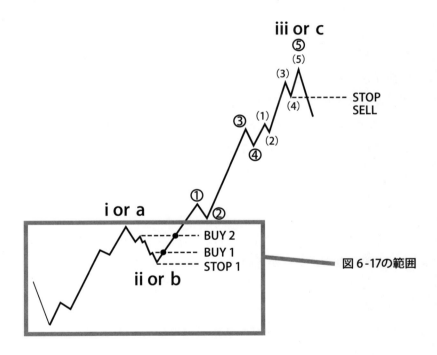

## 2）その高値は３波かＣ波か

　ここで次に問題になるのは、これで３波動が確認されて上昇波動が完了なのか、まだ５波動目が残っているのか、ということです。これは、大きな段階の波動の状況から考えていくことが基本ですが、次に起こる下向きの波の波形から考えることもできます。

　図６−32のようなケースは、ⅲ波ないしｃ波と想定される波動に続く波動が修正波としてほぼ確定されます。太線の部分が修正波形であることがほぼ確定的だからです。この太線部分がⅳ波なのか、この太線部分を副次波とするトライアングル、フラット、ダブルスリー、ダブルジグザグなどに発展してⅳ波になるのかどうかはまだわかりませんが、ピーク後の最初の下向きの波動が３波動で確定した場合には、その波動ないしその波動を含む波動が修正波であることがほぼ確定します。そして、まだⅴ波の上昇が残されている可能性が高い、ということがわかります。

　一方、図６−33のように、ⅲ波ないしｃ波の後、太線のインパルスが出現したら、それが下向きのミニュエット波［ⅲ波やｃ波よりも一回り大きな波］のスタートなのか、修正波ⅳ波の一部なのか、どちらの可能性も考えられるところです。

　要するに、太線のインパルスがⅲ波ないしｃ波と同じサブミニュエット級なのか、それより小さい階級なのか、その点が重要になってきます。大きさ的にⅲ波ないしｃ波と同等といえるのか、それより小さい階級というのがふさわしいのかということがひとつのヒントにはなります。

　なかなか決定的な判断方法はありませんが、大きなインパルスが出現すればするほど、下向きのミニュエット波がスタートした可能性が

図6－32

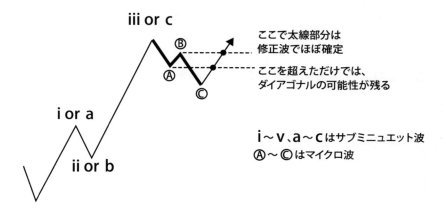

図6－33

高値から出現した下向きのインパルス（太線部分）はⅲ波に続く修正波ⅳ波か、それともｃ波に続くⅰ波あるいはⅰ波の一部分か。それはまだこの時点でははっきり判断できない

341

高まると考えられます。

　もし下向きのミニュエット波がスタートしたなら、ⅲ波ないしc波と言っていた波はc波だった、ということになります。

## 3）エリオット波動によるトレードのまとめ

　この章で言いたいポイントは次の2つです。

---

### ①できるだけ大きい波動の完成を狙え

　大きな階層の波動の完成を狙うほど、リスク・リウォード・レシオの点で有利な戦略が取れる（図6－34）。

### ②インパルス4波終点超えでエントリー

　どんな波形でも、副次波（ひとつ下の階層）か、副次波の副次波（ひとつ下の階層か2つ下の階層）はインパルスかダイアゴナルで終わる。その4波超えを狙う（図6－35）。

---

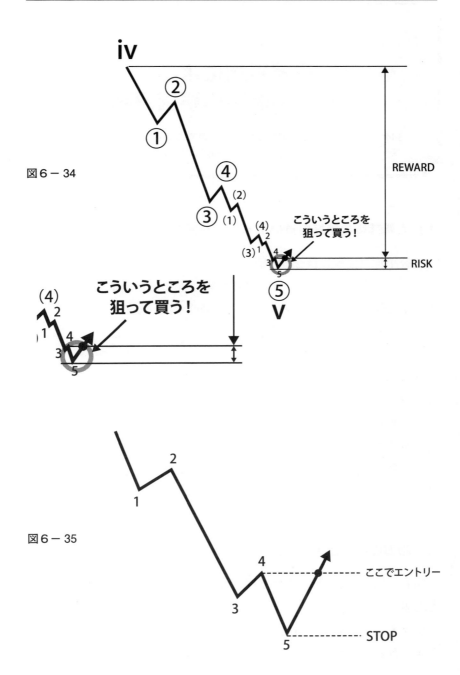

図6－34

図6－35

## 第10節
# 日経平均による
# トレード戦略の事例研究

344～347ページの内容については、著者の新しい見解をホームページ（http://jewri.org/e）で述べていますのでご参照ください

## 1）大暴落後の絶好の買いポイントを探る

　日経平均（実際には225CFD）のエリオット波動のカウントについては4章で著者の2017年5月時点での分析を紹介しました。そのカウントを元に具体的にどのような売買戦略が取れるのかを事例研究として考えます。ここでも分析対象とするのは225CFD（196ページ参照）です。

　次ページに225CFDの日足チャートを掲げました。2009年3月にリーマンショック後安値から2010年4月にかけてリーディングダイアゴナルと思われる上昇波動が出現しています（プライマリー波の①波とカウント）。大きな下落の後に上向きの推進波が出現したら、それは上昇トレンド開始のサインと考えられます。こうしたケースでは続く修正波の完成を確認して買いに入るのが定石です。


## 2）細部の整合性を確認する

　図6-38で示したようにプライマリー②波の終点は2011年12月だと思われます。

　プライマリー②波の副次波の（C）波はエンディングダイアゴナルと思われる形を形成しましたが、図6-37の左側はそのエンディン

344

図6-36 日経平均ＣＦＤ 日足チャート
――リーマンショック後安値からアベノミクス相場高値まで

画像提供：tradingview.com

図6-37

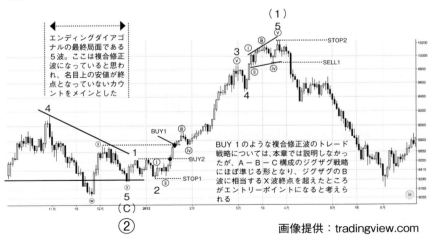

画像提供：tradingview.com

345

グダイアゴナルの5波の様子が示されています。この5波はかなり複雑な形になっています。

　エンディングダイアゴナルの終点、つまり5波の終点は、一見、2011年11月安値のところ（図6－37のⓦ波終点）のようにも見えます。しかし、2011年12月以降にチャネルに沿ったスッキリとしたインパルスである（1）波が形成されていますし、2011年11月を始点としてしまうと、2012年3月高値までの動きはどうしても3波動に見えます（図6－38）。

図6－38

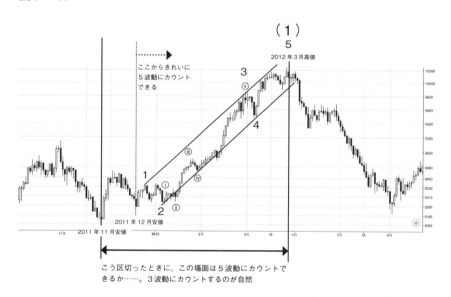

こうしたことから、やはり 2011 年 12 月の安値が分岐点であり、ここがエンディングダイアゴナルの終点でもある可能性が高いと思われます。

　それを前提にカウントすると、エンディングダイアゴナルの５波は複合修正波ⓌーⓍーⓎとカウントできます。

**　細部を無視して安値をつけた 2011 年 11 月をプライマリーの②波の終点と安易にカウントしてしまいがちですが、副次波の整合性を担保できていないカウントを採用することは、波動がフラクタル構造であるというエリオット波動の基本を無視することに他なりませんし、実際にそうしたカウントに基づく想定やトレードは失敗することが多いです。**

　複合修正波が完成した後の買いポイントは他の修正波に準じます。もう一度、図６－37 を見てください。このケースでⓍ波がジグザグのＢ波に相当すると考えられるので、Ⓧ波の終点を超えたところが買いポイントになると考えられます。このとき、損切りラインは、本来ならⓎ波終点とするところですが、この後のＢＵＹ２に対するＳＴＯＰ１とほぼ同水準ですので、ここでは省略しました。

　その後、上昇波動は１波～５波を形成し、図６－37 のように２波のⓑ波（ⓑ波は図示していない）の終点をＢＵＹ２とし、２波終点をＳＴＯＰ１とします。１波～５波の最後の５波は拡大型ダイアゴナルの形になっています。その後、下落に転じて、この拡大型ダイアゴナルのⅳ波終点を割り込んだところが売りポイントと考えられます。

　図６－37 では、プライマリー②波が完成し、プライマリー③波がスタートした局面を見ました。１波～５波が完成して、これでインターミーディエットの（１）波が完成したと考えられます。

　（１）波の５波のⅳ波を割り込んだことで（１）波の完成を確認し、買いポジションを利食いします。それと同時に、ここで新規に売り建てる戦略も考えられます。

347

### 3）（2）波の下落を狙った売り、（2）波の完成を狙った買い

　次に図6－39を見てください。

　（1）波が完成した後に続いて展開した（2）波は、図6－39のように比較的きれいにA－B－Cの3波動構成になりました。（2）波終点と思われるところから上昇に転じて、（2）波のC波の⒤波終点を超えたところが買いポイントと考えられます（BUY3）。SELL1で売り建てたポジションはここで決済します。

　その後、株価は上昇局面に入りましたが、膠着したじれったい動きが続きました。結局その動きはリーディングダイアゴナルと思われる形になり、これがマイナー級の1波となってこれを含めた1波～5波で構成されるインターミーディエット級の（3）波が形成されるのではないかと想定される状況となりました。

　リーディングダイアゴナルと思われる波形がほぼ完成した後、その⒱波の（ⅳ）波終点を割り込む動きになったら、その波形はほぼ完了が確認されます。そこで保有している買いポジションはいったん売却して様子を見ましょう（SELL2）。STOP4を置いて、新規に売り建てることも考えられます。

　しかし、リーディングダイアゴナルと思われる動きが出現したので、その後に修正波を挟んで新たな上昇波動が出ることが期待されます。

　図6－39のように、2波と思われる修正波は⒜、⒝、⒞ときれいに3波動構成となりました。この⒞波の4波終点を超えたところ（BUY4）と、⒝波終点を超えたところ（BUY5）が買いポイントになると考えられます。この場合、STOPを⒞波終点に置きます（STOP5）。SELLで売り建てたポジションはBUY4か、BUY5で決済します。

**348**

図6-39 （1）波完成で一度撤退、次に（3）波に乗る買いポイントを探る
　　　　──2011年3月からの下落と、6月からの上昇局面

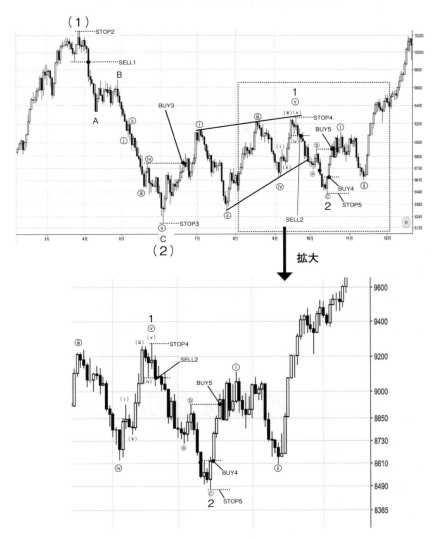

画像提供：tradingview.com

この後は、プライマリー③波のインターミディエット（3）波のマイナー3波と想定される上昇波動が期待されます。「3波の3波」というのは大きな波になる傾向がありますが、今回は特に「3波の3波の3波」ですから、一層、期待が高まります。ＢＵＹ4、ＢＵＹ5での買いポジションは、この後の上昇波動でどうなったのかを見ていきましょう。

## 4）最大のトレードチャンス「3波の3波」

　図6－40の通り、2012年10月から2013年5月にかけて展開した上昇波動は、まさに「3波の3波」にふさわしい大きな上昇局面になりました。この局面は安倍内閣が誕生した直後のいわゆるアベノミクス相場の一番熱かった局面です。

　大きくて長い上昇トレンドですから、ストップは何度かにわたり引き上げていきます（ＳＴＯＰ6、ＳＴＯＰ7）。このように、上昇の動きを見ながらＳＴＯＰを引き上げることをトレイリングストップと言います。しかし、このときは、それほど大きな押し目もなくてほとんどストップに引っかからないまま上昇が続きました。

　しかし、2013年3月〜4月はやや大きな修正（図6－40の下図参照）が起こりました。図6－40の下図ではこの局面を ⓘⓥ 波とカウントしています。ここからピークまでかなり込み入っているので、この部分をさらに拡大したものを353ページの図6－41に掲げました。

　アベノミクス相場がスタートしてから、ⓘⓥ 波の安値は初めてといってもよい比較的大きな修正局面でした。ここはいわゆる異次元緩和（2013年4月4日に発表された日銀による金融緩和策）に伴う場面です。決定直前には警戒感から下落していましたが、発表と同時に再度

350

図6-40 「3波の3波」は最大のチャンス
　　　　── 2012年10月～2013年5月の上昇局面

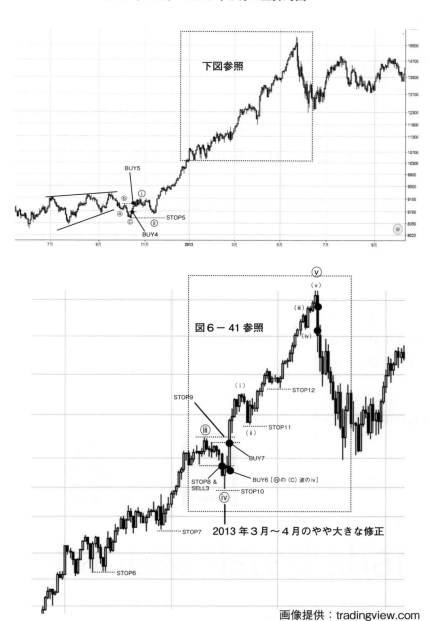

勢いよく上昇が開始されました。

　ⓘⓥ 波の修正局面ではＳＴＯＰ８に引っかかって買いポジションは
いったん利食いすべきところとなりましたし、ここで売りポジション
を作ってもよいところでした（ＳＥＬＬ３）。この売りポジションに
ついてはＳＴＯＰ９を置きます。しかしその後、上昇に転じてⓘⓥ波
の（Ｃ）波のⅳ波終点を超えたところ（ＢＵＹ６）、ⓘⓥ 波の（ｂ）波
終点を超えたところ（ＢＵＹ７）ではもう一度買いポジションをとる
べきところです。売りポジションはこれらのポイントで決済します。
　ここからⓥ波に入り、大きな修正もなく、上昇し続けます。トレ
イリングストップを上げていきますが（ＳＴＯＰ11、ＳＴＯＰ12）、
それらに引っかからずに上昇が続きます。しかし、５月23日に急落
に転じます。（ｖ）波のⅳ波終点（ＳＴＯＰ13）、あるいは（ⅳ）波
終点（ＳＴＯＰ14）を割り込んだところが売りポイントになります。
ここで買いポジションはすべて利食いし、逆に売りポジションを作っ
てもよいポイントです。そして、ここで作る売りポジションに対して
はＳＴＯＰ15を置きます。


## 5）トライアングルにおける対処法

　次に、図６−42を見てください。
　2013年５月23日に非常に大きな「３波の３波」が終了した後は、
きれいな５波動のインパルスが出現しました。これが図６−42の左
のⓐ波の（ａ）波です。
　この後、（ａ）−（ｂ）−（ｃ）というジグザグになることが予想
されるところでしたし、実際にそうなったと思われますが、（ｃ）波
は（ａ）波終点を超えられないフェイラーになったと考えられます。
（ａ）波の下落があまりにも急激だったためにジグザグとしては珍し

図6－41　アベノミクスのクライマックスの局面　──2012年3月〜5月

画像提供：tradingview.com

図6－42　アベノミクス相場の大きなクライマックス
　　　　　──2013年5月〜2014年12月

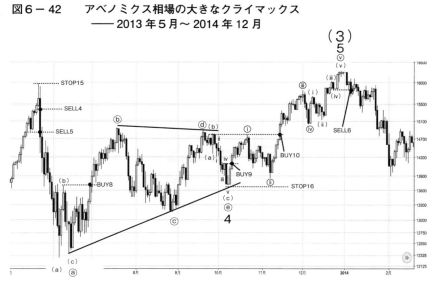

画像提供：tradingview.com

353

く（c）波がフェイラーしたのだと思われます。もしくは、ⓐは複合
修正波であった可能性も考えられます。

　ⓐ波終点の後に株価が上昇に転じてⓐ波の（ b ）波終点を超えたと
ころでいったん修正波の完了が確認されたと考えられるので、売りポ
ジションはここで買い戻しとなります（ＢＵＹ８）。（ c ）波のiv波終
点で買い戻す方法もありますが、このときは（ c ）波の副次波がカウ
ントしにくかったために見送りました。

　その後はトライアングルの形が形成されますが、定石通り、ⓔ波の
副次波の（ c ）波のiv波終点を超えたところ（ＢＵＹ９）と、（ b ）
波終点を超えたところ（ＢＵＹ10）の２つが買いポイントになります。
これらの買いポジションに対しては、トライアングルⓔ波終点と想定
されるところにＳＴＯＰ16を置きます。

　トライアングル完成後は、定石通り、スラストと思われる５波動の
インパルスが出ました。５波動の形が出てから下落に転じてⓥ波の
（iv）波終点を割り込んだところが売りポイントになります（ＳＥＬ
Ｌ６）。

**354**

# 第7章

## エリオット波動の源流を探る

ダウ理論、フィボナッチ数列、景気サイクル

## 第１節
# 改めてエリオット波動を研究する意義について

### １）相場現象の１％でも自信をもって想定できれば……

　エリオット波動の基本と実践的なノウハウについて６章までで詳細に説明してきました。ひとつのテクニカル分析の技法としてはかなり大きく複雑な体系だと思います。正直なところ簡単な技法ではありませんし、実践で使えるようになるまでにはそれなりの勉強・練習・経験の蓄積が必要だと思います。

　この技法の習得にそれだけ時間をかけても相場が100％的中するようになるわけではありませんし、すいすい儲かるようになるわけではありません。エリオット波動理論に基づくカウント、分析、トレードは正しい方向で努力と経験を積み重ねれば上達していくものだと思いますしそれなりに成果が上がるものだとは思いますが、相場と付き合っていく上での苦労や苦悩から解放されるわけではありません。しかし、それでも著者がこの技法にのめり込んでいるのは、今まで試したどんなテクニカル分析法よりも相場の予測能力が高いと考えているからです。

　相場で利益を上げるためには、相場のすべてを的中させる必要はありません。100ある値動きのうちひとつでも「ここはこうなる可能性が高そうだ」とある程度自信をもって見通すことができればいいわけです。そして、エリオット波動を身に付けることでそう思える回数は

356

増えていくことと思います。そうした意味でエリオット波動はとても優れた手法であり、取り組みがいのある手法だと思っています。

「相場動向をビシバシ的中させられる」、「サクサク儲かる」というような状態からは程遠いですが、「努力しがいのある手法」、「努力にこたえてくれる手法」だと思います。

そもそも、相場動向をビシバシ的中させられるとか、サクサク儲かるというようなノウハウやシステムは現実には存在しないと思いますし、儲け主義の業者の宣伝文句にすぎないと思います。現実にはこれに近い表現で情報やトレードシステムやセミナーを売ろうという業者は多いですし、著名アナリストでも相場予想を華麗に的中させ続けている風を装っている人たちが多いように思われます。しかし、そういう人たちの予測も「当たったり外れたり」というのが現実であり、単に的中したことだけを強調しているに過ぎなかったりします。

## 2）エリオット波動の予測能力の源は

そうしたボヤキは横に置いておくとして、エリオット波動は基本を身に付けてきちんと分析していけば、相対的に高い相場予測能力を秘めた手法だと思います。少なくとも著者としてはこれ以上に予測能力が高いテクニカル分析法にこれまで出会ったことがありません。

では、エリオット波動はどうして高い相場予測能力を持っているのでしょうか。その秘密を解明していくことがエリオット波動をより有効に活用していくことにつながりますので、日本エリオット波動研究所としてもそれを研究テーマのひとつにしたいと思います。まだ結論は出ていませんが、本書としてはそのことを考えるためのヒントとしてエリオット波動の源流を探ってみたいと思います。

エリオット波動の源流はもちろんエリオット自身の莫大な相場観察

とそれに基づく洞察にあるわけですが、その優れた洞察の源流となったものをできるだけ探りたいと思います。

## 第2節
# エリオット波動の源流①
## 〜ダウ理論〜

### 1）ダウ理論とは

エリオット波動の源流のひとつは「ダウ理論」です。

これは1880年代にチャールズ・ダウにより発表された株価の法則です。

この理論を発見・考案したチャールズ・ダウは、世界的な金融新聞であるウォール・ストリート・ジャーナルを発行するダウ・ジョーンズ社を創業し、ＮＹダウ（ダウ工業株３０種平均）などの株価指数も考案しました。

そのダウが発見・考案した「ダウ理論」は現代のテクニカル分析の礎を築いた理論であり、いまだにテクニカル分析の大原則として多くの投資家やアナリストから分析のよりどころとされているものです。

エリオットはダウ理論に大きく影響を受け、それをより緻密で体系立った理論に構築していこうと研究しました。そして、莫大な相場観察の結果、さまざまな相場の習性を発見し、それをダウ理論の考え方を核にしながら体系立てていきました。そのようにして生み出されたのがエリオット波動理論であり、それはダウ理論の後継理論と広く認められるところとなっています。

ダウ理論は図７−１にまとめたように、６つの基本法則から成り

**359**

立っています。いずれも100年以上の風雪に耐えて多くの投資家から有効性が確認されている法則といえます。エリオット波動原理を学んだ後でも、常に参照していくべき法則です。

図7－1

## ダウ理論の6つの法則

① 平均株価は全てのニュースを織り込む
② トレンドには3つの大きさの種類ある
③ 主要トレンドは3段階からなる
④ 平均株価はお互いに確認し合わなければならない
⑤ トレンドは出来高でも確認される必要がある
⑥ トレンドは明確な反転シグナルが発生するまでは継続していると考える

## ２）６つのルールを解説

### ①平均株価はすべてのニュースを織り込む

　相場にはすでに伝えられているニュースはもちろん、今後起こるだろう出来事の予兆も織り込んでいく面があります。「多くの人が強気なのにどうも平均株価の動きが弱いな」と感じていたら、その後悪い材料が出て来た」というようなことは相場経験者であればしばしば経験してきたことだと思います。

　相場はさまざまな参加者が、自分たちのお金を賭けて懸命に将来を予測しながら売買することによって動いています。そこには人々の将来を読むための情報や英知が反映されています。

　日本でも「相場のことは相場に聞け」ということが言われます。これは、値動きそのものに将来予測の重要なヒントが隠されているのであり、相場の値動きの意味をよく観察して考えてみようという姿勢を訴える格言です。

　エリオット波動理論もまさにこうした考え方を基本としていて、さまざまなニュースを追いかけたり先取りしようとしたりするよりも、そうしたニュースを織り込みながら株価が動いていると考えて株価そのものに向き合って分析するという考えを根底にもつものであります。

### ②トレンドには３つの大きさの種類がある

　ダウ理論によれば相場トレンドには時間的な長さの点で次の３種類があるということです。

◎プリイマリー・トレンド：１年以上
◎インターミーディエット・トレンド：３週間～３か月程度
◎マイナー・トレンド：３週間未満

エリオット波動理論では、これらをプライマリー波、インターミーディエット波、マイナー波と呼んでいますが、分類法・分類名ではほぼダウ理論を踏襲しています。

※ただし、ダウ理論ではインターミーディエット・トレンドについてはプライマリー・トレンド内の修正波動、マイナー・トレンドについてはインターミーディエット・トレンド内の修正波動のことを指しています。
　エリオット波動原理ではすでに説明してきたようにプライマリー波を構成している３つか５つの副次波について、上昇波も下落波もすべてインターミーディエット波と呼んでいます。同様にインターミーディエット波を構成している３つか５つの副次波のすべてをマイナー波と呼んでいます。

### ③主要トレンドは３段階からなる

これはまさにエリオット波動理論でも中心的な考え方のひとつであり、上昇トレンドならば３つの上昇局面から成り立つ、という意味です。

エリオット波動理論では３つの上昇局面の間の２つの修正局面もひとつの波にカウントするので、「５波動構成」という表現をしますが、述べている内容としては同じです。

### ④平均株価はお互いに確認し合わなければならない

相場トレンドが上昇転換したと判断するためには、ダウ工業株平均（一般的にはＮＹダウと呼ばれている）とダウ輸送株平均という２つの平均株価の両方が上昇トレンドになることを確認しなければならず、下降トレンドに転換したと判断するためには両指数が下降トレンドになったことを確認しなければならないということです。

景気が回復すれば、製造業だけでなく輸送業も忙しくなるはずであり、それを反映して両方の株価が上昇転換するはずです。ダウ工業株

平均だけが高値を更新してダウ輸送株平均が前回高値を抜けないままでいるなら、それは景気の状態にまだ何か不安があるということを示唆している可能性があるというわけです。

　エリオット波動では、ひとつの指数に関する判断は基本的にその指数の分析によりますが、関連性が深い他の指数の分析もある程度参考にします。
　例えば、日経平均とドル円相場の相関性が高いと思われる局面では、日経平均を分析する際にドル円相場も併せて分析して参考にしていくことが有効になると考えられます。
　ちなみに、2017年3月時点で著者は日経平均と連動性が高い指数として米国ドルインデックスと米国長期金利（10年国債利回り）に注目しています。
　米国ドルインデックスは、米国ドルをユーロ、英国ポンド、日本円など主要通貨のバスケットとの交換レートとして指数化したもので、米国ドルの真の値動きを示すものと考えられる指数です。
　米国長期金利は米国１０年国債の利回りのことですが、米国経済の体温のような働きをする指標で、米国経済が好調ならこの指数は上向く傾向があり、ＮＹダウやドル円相場も上向く傾向があります。ＮＹダウとドル円が強いというのは日本株にとっても追い風になると考えられることから、米国長期金利と日経平均の連動性が生まれているように思われます。
　tradingview.com でのコードは以下のようになっています。


◎米国ドルインデックス　ＤＸＹ
◎米国長期金利　ＴＮＸ


　ただし、これらの指数が日経平均と永遠に連動するという保証はあ

りません。こうした指数同士の連動性はその都度自分の観察によって
確認していくべきものです。

**⑤トレンドは出来高でも確認される必要がある**

　ダウ理論によると、上昇トレンドのときの出来高には「上昇時に増
加し、下落時に減少する」という特徴があるということです。逆に下
降トレンドのときの出来高には「下落時に増加して、上昇時に減少す
る」という特徴があるということです。

　ですから、下落しても出来高が少ない中での下落ならば上昇トレン
ド内の一時的な下落であるのではないかと考えられ、出来高増加を伴
う下落ならば下降トレンドへの転換や下降トレンド継続のサインであ
るのではないかと考えられる、ということです。

**⑥トレンドは明確な反転シグナルが発生するまでは継続していると考える**

　トレンドがどこまで続くかはあらかじめ予測することはできないの
で、反対方向のトレンド発生のシグナルが出るまでは、それまでのト
レンドが続いていると考えるべき、ということです。

　これは本書では6章に貫かれている考え方そのものです。

　エリオット波動を勉強した人はフィボナッチ比率などを使って株価
の目標などを求めがちです。もちろん、ひとつの判断材料や参考のた
めにフィボナッチ比率を使ってターゲットを考えるということ自体は
間違ったことではないと思います。

　しかし、比率関係のガイドラインはどちらかというとバランス面か
ら波形を判断するためのガイドラインのひとつであるので、それに基
づいて株価目標を決めてトレードするというのは本来的な使い方では
ないと思います。

　一度発生したトレンドというのは、予想よりもかなり長く大きく続

364

いてしまうことが多々あります。最初から「このくらいまでだろう」と決めつけてトレードするのは、新規の買いや売りの場合にはとても危険な行為になりますし、利益確定の売買の場合にも伸ばせる利益を伸ばせなくなる原因になります。

　第6章で何度も強調したように、あくまでも反対方向のトレンド発生のシグナルを確認してから「これまでのトレンドが終了した可能性がある」という判断をして、新しいトレンドの方向に合わせたトレードをしていくことが大切だと思います。

## 第3節
# エリオット波動の源流②
# 〜フィボナッチ数列〜

### 1）フィボナッチ数列とは

　エリオット波動理論の２つ目の源流は数学の世界で有名な「フィボナッチ数列」です。

　このフィボナッチ数列やそれに関連したフィボナッチ比率は、生物の生成や繁殖、台風の渦巻きや小宇宙の渦巻きなど、自然界のさまざまな生成プロセスに現れてくると言われている数列あるいは比率のことです。

　エリオットは株価の動きも自然現象のひとつであると捉えて、フィボナッチ数列やフィボナッチ比率が株価の波動の分析にも使えるのではないかと考えて研究しました。

> ※フィボナッチ数列のことを「フィボナッチ級数」とする解説が見られますが、それは誤りです。級数というのは数列の項の和のことであり、明らかに用語使用が間違っていますが、この「フィボナッチ級数」という用語使用が意外にも広まっていて驚くばかりです。

　しかし、実は、エリオットが波動理論に関する最初の論文を1938年に発表したときには、エリオットはフィボナッチ数列のことを意識していませんでした。波動理論の論文を見た他のアナリストから「波動

理論とフィボナッチ数列は関係が深いのではないか」と指摘されてから、エリオットはフィボナッチ数列のことを研究し始めてその魅力に取りつかれるようになり、エリオット波動理論とフィボナッチ数列やフィボナッチ比率を結びつけて考えるようになったということです。

　フィボナッチ数列は、1、1から始めて、隣り合う2つの数を足し次の数を作るというルールによる数列です。少し小難しいですが、この数列のルールを数学的に表す漸化式は以下になります。

$$a_n = a_{n-1} + a_{n-2}$$

　具体的には、次のようになります。

1 + 1 = 2ですから、その次は2
1 + 2 = 3ですから、その次は3
2 + 3 = 5ですから、その次は5
さらに、
3 + 5 = 8
5 + 8 = 13
8 + 13 = 21

というようにどんどん計算ができ、これらの数字を並べると、

1、1、2、3、5、8、13、21、34、55、89……

というように永遠に続きます。このようにフィボナッチ数列に表れる

数をフィボナッチ数と言います。


## 2）フィボナッチ数列とエリオット波動の関係

　1章でも説明した通り、「5波動で進み、3波動で修正する」というのが波動原理の基本中の基本ですが、5も3もフィボナッチ数です。また、「5波動で進み、3波動で修正する」という動き全体が8波動でできており、これもフィボナッチ数になっています（図7－2）。

　次に、最も基本的な修正波であるジグザグについて考えると、その波動の数は3となっていてこれもフィボナッチ数ですし、その副次波の合計は5＋3＋5＝13とこれまたフィボナッチ数になっています（図7－3）。

　次に最も基本的な推進波であるインパルスについて考えると、その波動数は5となっていてこれもフィボナッチ数ですし、その副次波の合計は5＋3＋5＋3＋5＝21とこれもフィボナッチ数になっています（図7－4）。

　同じように、ジグザグの2つ下のディグリー波動数は、21＋13＋21＝55と、これもフィボナッチ数、インパルスの2つ下のディグリーの波動数は21＋13＋21＋13＋21＝89と、これまたフィボナッチ数というように、どこまでディグリーを掘り下げても波動数はフィボナッチ数となっています。

　このように見ると、エリオット波動そのものがフィボナッチ数列と深くかかわっているどころか、エリオット波動はフィボナッチ数列そのものではないか、とさえ考えられるところです。


**368**

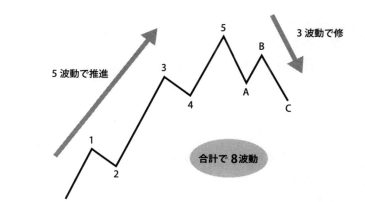

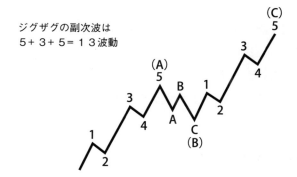

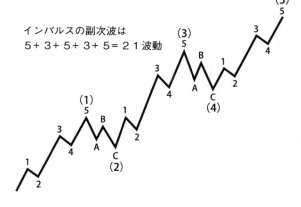

エリオット自身はフィボナッチ数列から波動理論を導いたわけではないのですが、フィボナッチ数列が自然や社会のさまざまなプロセスに現れる中で、株価の波動形成にも現れていることを独自の形で見出した、ということだろうと思います。

しかし、ある程度ハッキリわかっているのはここまでですし、これがわかったからといって何の役に立つのかは実はよくわかっていません。研究テーマのひとつではあると思いますが、そこから何かが導かれるのかどうかもわかりません。

エリオットやその後継者たちは、「エリオット波動にフィボナッチ数列が深く関わっているのだから、フィボナッチ比率も深くかかわっているに違いない」と考えました。そして、それが実践的に役立つのではないかと考えました。

そこで、次にフィボナッチ比率について解説していきます。

## 3）フィボナッチ比率とは

フィボナッチ比率とは、フィボナッチ数同士の比率のことです。例えば、隣同士の数字の大きい数から小さい数を割った比率は、次ページのようになります。

これから先は限りなく 1.618 に近づいていき、四捨五入するとすべて 1.618 になります。

つまり、フィボナッチ数列の隣り合う数字同士で後の数を前の数で割り算した比率は 1.618 に収れんしていきます。この 1.618 という比率は黄金数と呼ばれ、$\phi$ の記号で表します。

$\phi = 1.618$ が最も基本的なフィボナッチ比率であり、これを何乗か

## 【フィボナッチ比率】

$1 \div 1 = 1$

$2 \div 1 = 2$

$3 \div 2 = 1.5$

$5 \div 3 = 1.6666\cdots\cdots$

$8 \div 5 = 1.6$

$13 \div 8 = 1.625$

$21 \div 13 = 1.6153\cdots\cdots$

$34 \div 21 = 1.6190\cdots\cdots$

$55 \div 34 = 1.6176\cdots\cdots$

$89 \div 55 = 1.6181\cdots\cdots$

したものもフィボナッチ比率となります。

　例えば2乗すると2.618となり、3乗すると4.236となります。それぞれ、以下の記号で表します。

**2乗は φ²　　3乗は φ³**

　2乗するというのは2回掛けることであり、フィボナッチ数列の大きい数と小さい数の割り算で求めた比率のうち2つ離れた数字同士の比率ということになります。3乗は3回掛けることであり、同様に数列の3つ離れた数字同士の比率を示します。

　また、φのマイナス1乗はφで1回割った比率のことであり0.618、φのマイナス2乗はφで2回割った比率のことであり0.382、φのマイナス3乗はφで3回割った比率のことであり0.236となります。それぞれ、以下の記号で表します。

**マイナス1乗は φ⁻¹　　マイナス2乗は φ⁻²　　マイナス3乗は φ⁻³**

　これらはフィボナッチ数列の小さい数を大きい数で割って求めた比率であり、次のような関係があります（次ページの図7－5）。

　◎ 隣同士の数の比率が φ⁻¹
　◎ 2つ離れた数同士の比率が φ⁻²
　◎ 3つ離れた数同士の比率が φ⁻³
　◎ 同じ数同士の比率は当然1だが、これは φ の掛ける回数も、
　　割る回数もゼロなので、φ⁰ と表す。φ⁰＝1

　以上をまとめると、図7－6になります。これらはいずれもフィボナッチ比率です。

**図7−5 フィボナッチ数列とフィボナッチ比率の例**

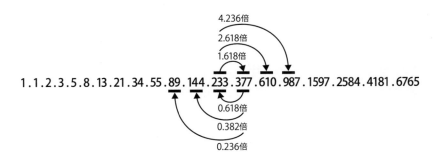

**図7−6**

| 主なフィボナッチ比率 | 記号 | | |
|---|---|---|---|
| 0.236 | $\phi^{-3}$ | 3つ離れた数字同士の比率 | |
| 0.382 | $\phi^{-2}$ | 2つ離れた数字同士の比率 | 小さい数 ÷ 大きい数 |
| 0.618 | $\phi^{-1}$ | 1つ離れた数字同士の比率 | |
| 1 | $\phi^{0}$ | 同じ数同士の比率 | |
| 1.618 | $\phi^{1}$ | 1つ離れた数字同士の比率 | |
| 2.618 | $\phi^{2}$ | 2つ離れた数字同士の比率 | 大きい数 ÷ 小さい数 |
| 4.236 | $\phi^{3}$ | 3つ離れた数字同士の比率 | |

## 4）黄金比とは

　最も基本的なフィボナッチ比率である 1.618 は、黄金数としても知られていて、１：φを黄金比と言います。

　黄金比というのは、紀元前３世紀の頃の古代エジプトの数学者ユークリッドが書いた『ユークリッド原論』にもその記述が見られるものであり、とてもバランスがよく美しく見える比率として古代から知られているものです。パルテノン神殿やピラミッドの一部などいくつかの歴史的な建造物にもこの比率が使われていると言われています。

　黄金比というのは、具体的には、図７－７のように、ＡＢ：ＡＣ＝ＡＣ：ＣＢとなるような比率です。この比率から x を求めると、最も基本的なフィボナッチ比率と同じ 1.618 が求められます。

　黄金比は、図７－８のようにどちらの形でも表せます。0.618 ÷ 0.382 ＝ 1.618 になるので、上下とも同じ比率関係を示していることになります。

　この黄金比の話で出てくる 0.382、0.618、1.618 はいずれも先ほど紹介したフィボナッチ比率でもあります。そして、波動分析を考える上ではこの３つの比率がフィボナッチ比率の中でも特に重要であると思われ、波動同士の比率がバランス的に美しいかどうかを考える際にこの３つの比率が多く用いられます。

## 5）フィボナッチ比率と誤解されている比率

　フィボナッチ数のうち 0.382 と 0.618 については今述べたように、**「0.382 ＋ 0.618 ＝ 1」** という関係があります。１から 0.618 を引くと 0.382 になりますし、1 から 0.382 を引くと 0.618 になります。

図7-7

A —— X —— C — 1 — B

$$(X+1) : X = X : 1$$
$$X^2 = X+1$$
$$X^2 - X - 1 = 0$$
$$X = \frac{1 \pm \sqrt{5}}{2}$$

$X \geqq 0$ より

$$X = \frac{1 + \sqrt{5}}{2}$$

$$\fallingdotseq 1.618$$

図7-8

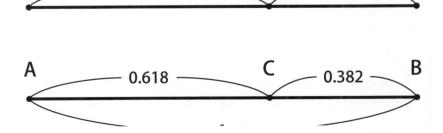

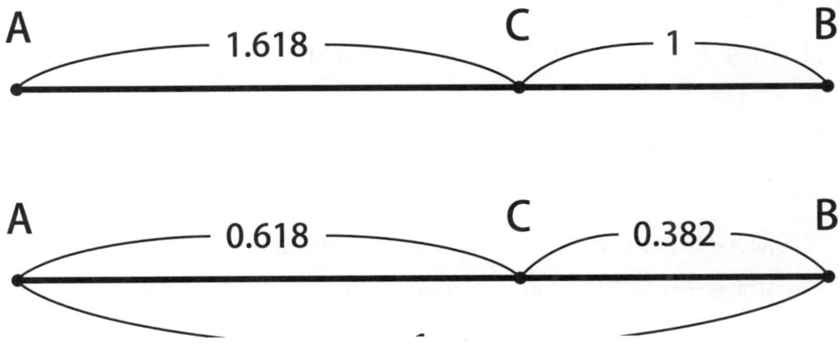

この関係と同じように、1からフィボナッチ比率である 0.236 を引いた 0.764 もフィボナッチ比率であるという説明が本やサイトなどでよく見られます。しかしこれは明らかに間違いです。

フィボナッチ比率というのはあくまでもフィボナッチ数同士の比率のことです。言い方を変えると黄金数やそれを 2 乗や 3 乗したものです。

フィボナッチ比率の中では足すと 1 になる関係は 0.382 と 0.618 だけであり、その他のフィボナッチ比率をいくら 1 から引いてもフィボナッチ比率は求められません。

また、1.618 と 2.618 というフィボナッチ比率同士の差がちょうど 1 になっていることから、3.618 もフィボナッチ比率であるという解説も見られますが、これも間違いです。2.618 はあくまでも 1.618 の 2 乗の計算で求められたフィボナッチ比率です。

同様に、0.382 や 0.236 に 1 を加えた 1.382 や 1.236 などもフィボナッチ比率と言われることがありますがこれも明らかに間違いです。フィボナッチ比率にいくら 1 を加えたり、1 からフィボナッチ比率を引いても、それによって計算された数値はフィボナッチ比率ではありません。

また、0.618 の平方根である 0.786 をフィボナッチ比率と説明しているサイトや本もありますが、これも間違いです。

以上のように、0.764、0.786、1.236、1.382、3.618 などはフィボナッチ比率関連数字とは言えるかもしれませんが、それらの数値をフィボナッチ比率や黄金比というのは誤りだと言えます。

以上をまとめると、以下のようになります。

---

主なフィボナッチ比率：0.382、0.618、1.618
その他フィボナッチ比率：0.236、2.618、4.236、その他
フィボナッチ比率でないもの：0.764、0.786、1.236、1.382、3.618

フィボナッチ比率についての概要は以上ですが、既述のように波動分析におけるこれらの比率の有効性については今のところ確認できていません。

3章でフィボナッチ比率を使った「比率関係のガイドライン」を紹介しましたが、ピタリとこのガイドラインが当てはまるということはむしろまれです。

波形のバランスを見たり、値動きがどこまで続くかを考える際にひとつのメドにしたりすることにはある程度使えると思いますが、比率関係のガイドラインを値動き予測に使おうとするのであれば、その有効性は残念ながらあまり高くないと言わざるを得ません。

## 6）フィボナッチ時間数列について

エリオットはフィボナッチ数列を研究し始めてから、波動の時間的な計算にフィボナッチ数列を使えるのではないかと考えるようになりました。例えば、エリオットは代表的な著作である『Nature's Law』の中で、次ページの図7−9のようなＮＹダウに関する時間数列の分析図を掲げています。

狂乱の20年代と言われた1921年から1929年までのバブル相場と、そのバブルの大崩壊、そして、そこから立ち直るという、ＮＹダウの歴史の中でも最もダイナミックな局面のひとつと思われる時期です。

図7−9を見ると、一見、株価波動の時間的関係にフィボナッチ数列がよく当てはまっているようにも感じます。

しかし、よく考えてみると、（フィボナッチ数列には）1、2、3、5、8、13、21、34……というように多くの数があることに加え、月や年など、さまざまな時間的尺度を持ち出してしまえば、結果的に、いずれかに当てはまる確率が高くなると思います。また、どの高値・安値とどの高値・安値を組み合わせるかということを考えると、これまた

**377**

図7－9

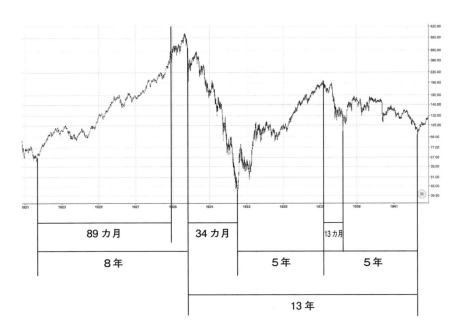

378

かなりの組み合わせが考えられます。

　つまり、いろいろ探せば、高値・安値同士の組み合わせのどれかに、何らかのフィボナッチ数を見出すことはできるだろうと思います。そして、後講釈でいくらでも恣意的にこのような作図が可能であるように思われます。

　実際にこれを今後の予測に使ってみようとしたら、際立った高値や安値から5、8、13、21、34という数値の年数や月数を当てはめれば、そのいずれかが何らかの高値や安値になっている可能性はあると思います。しかし、5年、8年、13年、21年、34年……、あるいは5カ月、8カ月、13カ月、21カ月、34カ月……など、どの期間が経過したところが実際に重要なポイントになるのか、それが高値か安値か、というように考えると、あまりにも多くの選択肢があり、ほとんど実用的な分析ツールとは思えません。

　例えば、日経平均にとって明らかに重要と思われる日柄は史上最高値をつけた1989年12月であり、これにフィボナッチ数の年数を当てはめてみると、次のようになります。

1年後　　1990年
2年後　　1991年
3年後　　1992年
5年後　　1994年
8年後　　1997年
13年後　　2002年
21年後　　2010年
34年後　　2023年

この中で際立った高値・安値、あるいは重要と思われるポイントは1992年しか該当しません。当たっていない事例をすべて取り除いて、当たっている事例だけを集めてきれいに作図しても、それに特に意味を感じることはできません。

　このフィボナッチ時間数列の計算でいくと次は2023年が重要な年ということになりますが、これだけ的中率が低いとあまり重要視する気にはなれないのではないでしょうか。

　月や週や日をベースに計算しても、的中率はそれほど変わりがありません（次ページの図7 - 10）。

　以上のように見ると、フィボナッチ数列を時間関係に当てはめるのはそれほど意味があることのようには思えません。

　著名なテクニカルアナリストの中にもフィボナッチ時間数列を好んで使って分析している人がいますが、そのレポート内容を見るとこじつけにしか思えないようなものばかりです。

　何度も言いますが、後講釈であれば、フィボナッチ数列を株価チャートの日柄計算にきれいに当てはめるような事例を作ることはいくらでもできます。しかし、それはいくらでも恣意的に作り出すことができるものであるので、相手の目をくらますように作られたこじつけのプレゼンテーション資料程度の意味しかないように思われます。

　フィボナッチ数列やフィボナッチ比率はとても興味深いものであり、特にフィボナッチ数列がエリオット波動と関連が深いことは疑いようがありません。

　しかし、フィボナッチ比率やフィボナッチ時間数列については、まだ有効な活用手段が見いだせていないというのが現状です。

　ましてや、フィボナッチ比率について間違った数字まで用いられて

図7－10　日経平均の主な高値・安値

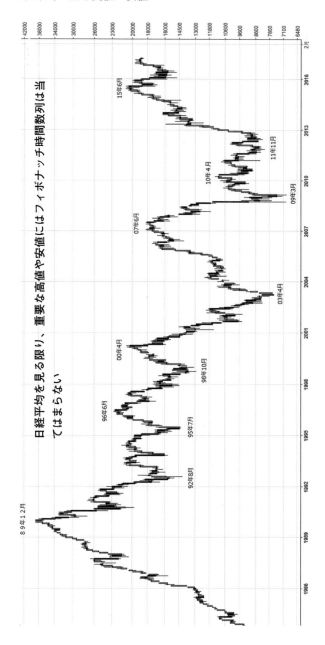

日経平均を見る限り、重要な高値や安値にはフィボナッチ時間数列は当てはまらない

画像提供：tradingview.com

本やレポートなどが書かれている現状はあまり感心できたものではありません。そうしたデタラメな解説や分析はどんな肩書の方がされていようと疑ってかかるべきだと思います。

## 第4節
# エリオット波動の源流③
# ～景気サイクル～

### 1）景気サイクル、経済サイクルとは

　景気や経済の動きにはサイクルがある、ということは広く知られるところとなっています。

　景気サイクルや経済サイクルの研究は今から 200 年前の 1800 年頃には行われていたようで、当時の景気サイクルの研究書では 10 年程度のサイクルで金融危機が繰り返されている、ということなどがすでに述べられているそうです。

　現在も景気サイクルの研究は盛んに行われ、特に日本では著名な学者やアナリストが中心となり景気循環学会を作って、世界的に見てもこの分野の研究がかなり活発に行われているようです。

　株価は経済状況を反映して動いていますから、景気サイクル、経済サイクルと株価波動は当然密接な関係があると思われます。エリオット自身も株価波動の研究をする前から景気サイクルに大きな関心を持っていたようで、エリオット波動原理の発見・成立にも影響を及ぼしていたと思われます。

　景気サイクル・経済サイクルとエリオット波動の関係はとても興味深いテーマですが、残念ながら著者としてはまだそれを体系的に述べ

**383**

るだけの知識や研究を深められておらず、今後の重要な研究テーマの
ひとつにしたいと思っています。

　以下では、景気サイクルあるいは経済サイクルとして現在知られて
いる主な4種類のサイクルについて概要を記しておきたいと思いま
す。

　なお、各サイクルの平均的な周期というのは上昇期と下降期を合わ
せた期間ですから、ひとつの上昇局面や下降局面はその半分程度と考
えられると思います。また、各サイクルがエリオット波動のディグリー
では何に相当するかということは単純にはいえないことですが、おお
よその目安を書きました。


## 2) キチンサイクルとは

　これは企業活動によってもたらされるサイクルであり、とりわけ在
庫循環によって引き起こされるサイクルとされています。アメリカの
経済学者ジョセフ・A・キチンが1923年の論文でその存在を主張し
ました。
　日本では政府が景気の谷や山を認定していて、これがキチンサイク
ルにほぼ符合するのではないかと思われますが、戦後の平均で景気の
上昇期（拡張期）は36カ月、下降期（後退期）は15カ月となってい
ます。


## 3) ジュグラーサイクルとは

　10年程度の周期で起きるとされている景気のサイクルです。
　機械類などは耐久年数が10年程度のものが多く、設備投資の周期

がこのサイクルの原因になっているとも言われ設備投資循環とも呼ばれています。

具体的には 10 年くらいの周期で金融危機やバブル的な状況が繰り返される傾向があると言われています。

フランスの経済学者 J・クレメンス・ジュグラーが 1860 年の著書の中でその存在を主張したものですが、1800 年頃にはその存在が研究者の間で知られていたと言われています。


## 4）クズネッツサイクルとは

20 年程度の周期で起こるとされているサイクルです。

建設ブームの周期によって起きるサイクルとも言われ、また建設循環とも言われています。アメリカの経済学者サイモン・クズネッツが 1930 年にその存在を唱えました。


## 5）コンドラチェフサイクルとは

50 ～ 60 年程度の周期で起こるとされているサイクルです。

技術革新にともなって起きるとされているかなり長期的なサイクルです。ロシアの経済学者ニコライ・ドミートリエヴィチ・コンドラチェフによって 1925 年に唱えられました。


## 6）経済サイクルとエリオット波動の関係

以上の 4 つのサイクルの紹介をしましたが、時間的な関係だけで考えると、キチンサイクルはエリオット波動のプライマリー波程度に相当するサイクルではないかと思われますし、ジュグラーサイクルはサイクル波程度、クズネッツサイクルに関してはサイクル波かスーパー

**385**

サイクル級に、コンドラチェフサイクルはスーパーサイクル波程度に相当するのではないかと思われます。

ただしこれらの対応関係は期間的にだいたいそのくらいではないかと見当を付けたものに過ぎず、決して対応関係が明確なものではありません。

そもそも本当に景気サイクルの捉え方は以上の4つでいいのか、景気サイクルとエリオット波動にはどういう関係があるのか、景気サイクルについての理解が波動分析にどう役立つのか、ということについてもまだ明確にはなっていません。

とても重要で面白いテーマだと思いますので、当研究所としてはぜひその研究を進めて行きたいと思っています。

# 用語集

## ア行

### ◎アクション波（Actionary Wave）とリアクション波（Reactionary Wave）

一回り大きな階層の波動と同じ方向の波がアクション波で、逆方向の波がリアクション波。

アクション波は推進波の副次波の中では１波、３波、５波、修正波の副次波の中ではA波、C波、E波、あるいはW波、Y波、Z波などが該当する。

一方、リアクション波は推進波の副次波の中では２波と４波、修正波の副次波の中ではB波、D波あるいはX波が該当する。

なお、推進波、修正波は波形による波の分類を示す用語であり、アクション波、リアクション波とは異なる波動区分の概念。

### ◎インターミーディエット波

43ページ「波の階層一覧表」参照。

### ◎インパルス（Impulse）

推進波の一種で衝撃波とも呼ばれる。５－３－５－３－５（５は推進波、３は修正波を表す）の５波動構成であり、以下の３原則をすべて満たす波。

①２波は１波の始点を割り込まない

②１波、３波、５波の中で３波が一番小さくなることはない

③４波は１波と重ならない

## ◎上値ライン（Upper Boundary）、下値ライン（Lower Boundary）

チャネルを形成する2本の平行線の上の線を上値ライン、下の線は下値ラインと呼ぶ。

ダイアゴナルやトライアングルにおいて引く2本のトレンドラインについても、上の線を上値ライン、下の線を下値ラインと呼ぶ。

## ◎A－Cライン

トライアングルのA波終点とC波終点を結んだトレンドライン。

## ◎延長（エクステンション、Extention）

インパルスの副次波の1波、3波、5波のいずれかの波が他の波に比べて巨大化すること。

## ◎エンディングダイアゴナル

ダイアゴナルの項目参照。

## ◎オーソドックスな高値・安値（Orthodox Tops and Botoms）

価格的にその時点の前後で最も際立った高値や安値ではないが、実質的な高値や安値のこと。フェイラーで終わるインパルスの5波の終点や、後に拡大型フラットなどが続く場合のアクション波の終点などがこれに該当する。

## ◎オルタネーション（Alternation）

インパルスの2波と4波が別の波形になる現象またはそうした習性。フラットのA波とB波についてもオルタネーションの習性が見られる。

# カ行

## ◎階層（ディグリー、Degree）

ある株価の波動はいくつかの副次波によって構成されており、その副次波もさらに一回り小さないくつかの副次波によって構成されている。逆に、いくつかの波動が副次波となって一回り大きな波動を構成し、その一回り大きな波動も、他にいくつかの波とつながってさらにひと回り大きな波動を構成している。

このように株価の波動は何層もの階層から成り立つ構造をしており、こうした階層のひとつひとつを波の階層、あるいはディグリーという。43ページ「波の階層一覧表」参照。

## ◎ガイドライン（Guideline）

株価波動の習性や傾向を示したもの。波動分析をするうえで「ルール」ほど決定的な判断基準ではないものの、できるだけ参照すべきもの。ガイドラインができるだけきれいに当てはまるようなカウントやシナリオほど後から振り返って正解となる確率が高まる、と思われる。

代表的なガイドラインには、波の延長、波の均等性、オルタネーション、チャネリング、出来高、比率関係、修正波の深さ、波の個性などに関するものがある。

## ◎価格修正、時間調整（時間的修正）

直前の波の進行に対して、それを一時的に休止したり反対方向に揺れ戻したりする動きが「修正」。価格修正は価格的に前の波と逆方向に進む動きのことであり、時間調整は横ばいの動きのこと。

### ◎拡大型トライアングル

トライアングルの項参照。

### ◎拡大型フラット

フラットの項参照。

### ◎下降型トライアングル

上昇型トライアングルと下降型トライアングルの項参照。

### ◎急こう配な修正波 (Sharp Corrective Waves)

時間調整よりも価格修正が主である修正波。ジグザグ、ダブルジグザグ、トリプルジグザグ、C波巨大化フラットなどが該当する。

副次波の中の最初のアクション波（A波やW波）だけで価格的修正が終わらず、2番目のアクション波（C波やY波）が最初のアクション波の終点を超えて一段と価格修正が進む形となる。3番目のアクション波（Z波）がある場合には、2番目の終点を超えてさらに価格修正が進む形になる。

### ◎グランドスーパーサイクル波

43ページの「波の階層一覧表」参照。

## サ行

### ◎サイクル波、サブマイクロ波、サブミニュエット波

43ページの「波の階層一覧表」参照。

## ◎３波の３波 (The third wave of a third wave)

インパルスの副次波３波のさらに副次波の３波。最も大きく激しい動きになりやすい波であり、エリオティシャンがトレードチャンスとして最も注目する波。「third of a third」ともいう。

## ◎C波巨大化フラット

フラットの項目参照。

## ◎ジグザグ (Zigzag)

修正波の一種で、５－３－５（推進波－修正波－推進波）という構成。そして、Ｂ波の終点はＡ波始点に到達せず、Ｃ波終点はＡ波終点を超える、という形。

## ◎下値ライン

上値ライン、下値ラインの項目参照

## ◎上昇型トライアングル（Ascending Triangle）と下降型トライアングル（Descending Triangle）

どちらもトライアングルの一種で、上値ラインが横ばいで下値ラインが上向きのトライアングルを上昇型トライアングル、上値ラインが下向きで下値ラインが横向きのトライアングルを下降型トライアングルという。

## ◎収縮型トライアングル (Contracting Triangle)

最も基本なトライアングルの形。上値ラインが下向き、下値ラインが上向きであるトライアングル。

## ◎修正（correction）

推進波に続いて、その反対方向に揺れ戻したり、横ばったりする動きのこと。

## ◎修正波の波形のアクション波 (Actionary Corrective Waves)

フラットのA波、トライアングルのA波、C波、E波、複合修正波のW波、Y波、Z波、3−3−3−3−3型ダイアゴナルの1波、3波、5波などのように、波形は修正波であるのに波の方向・位置から考えるとアクション波である波動のこと。直訳すると「アクション波の働きをする修正波」だが、本書ではアクション波である点が重要な文脈でこの用語を使うことが多かったので「修正波の波形のアクション波」とした。

## ◎推進波（Motive wave）と修正波（Corrective wave）

波形による波の分類を示す用語。

推進波とは相場を推進させる役割を持った5波動構成の波形のことであり、インパルスとダイアゴナルの2種類がある。

修正波とは主にリアクション波として出現する（一部の修正波はアクション波として出現する）波形であり、ジグザグ、フラット、トライアングル、複合修正波などの種類がある。

※アクション波、リアクション波との違いに注意。

## ◎スーパーサイクル波

43ページ「波の階層一覧表」参照。

## ◎スラスト (Thrust)

インパルスの副次波4波がトライアングルになったときにその次の5波でよくみられる「短時間で素早く動く推進波」のこと。

392

## ◎スローオーバー（Throw-over）

プレクターの著書では、上昇波動であるインパルスやダイアゴナルにおいて、5波がチャネルラインの上値ラインやダイアゴナルの上値ラインを突破する動きについてスローオーバーという言葉を使っている。

本書では、わかりやすさを重視して、上昇波動・下落波動問わず、インパルス、ダイアゴナル、さらにトライアングルも含めて、最後の副次波（5波やE波）がトレンドラインを超えていく動きについて一律に「スローオーバー」という用語を使った。

# タ行

## ◎ダイアゴナル（diagonal）

推進波の一種。5波動構成で、一般的には波の大きさが徐々に収縮しながら、斜め上方あるいは斜め下方に突き出る「エッジ形（くさび形）」になる波形。かつてはダイアゴナルトライアングルと呼ばれていたが、現在では単にダイアゴナルと呼ばれる。

副次波の構成は3－3－3－3－3、もしくは5－3－5－3－5。1波と4波が重なるという点がインパルスとの大きな違い。

1波終点と3波終点を結んだトレンドラインと、2波終点と4波終点を結んだトレンドラインは同じ向きで収縮する形となるのが基本だが、拡大する形になることもあり、これを拡大型ダイアゴナル（エクスパンティングダイアゴナル）という。

副次波としては最初か最後の波として出現し、最初の波（1波かA波）として出現する場合はリーディングダイアゴナル、最後の波（5波かC波）として出現する場合はエンディングダイアゴナルという。通常、リーディングダイアゴナルは5－3－5－3－5、エンディン

グダイアゴナルは３－３－３－３－３となる。

## ◎ダブルジグザグ、ダブルスリー

複合修正波の項目参照。

## ◎チャネリング（Channeling）

上昇トレンドや下降トレンドにある波動が、２本の平行線に挟まれる形で株価形成すること。この場合、その２本の平行線をチャネルライン、それらに挟まれた部分をチャネル、という。特にチャネルラインの上の線を上値ライン、下の線を下値ラインと呼ぶ。

インパルスにはチャネルを形成しやすい習性があり、それがチャネリングのガイドラインとして知られている。

## ◎ディグリー（Degree）

階層の項目参照。

## ◎トライアングル（Triangle）

修正波の一種。基本形は５つの修正波（Ａ～Ｅ波）が横に連なり、波の大きさが徐々に小さくなっていく形。

Ａ波よりもＢ波が大きくなり、その後、Ｅ波まで徐々に小さくなる形はランニングトライアングルと呼ばれる。

また、波の大きさが徐々に大きくなる形は拡大型トライアングル（エクスパンティングトライアングル）と呼ばれる。

## ◎トリプルジグザグ、トリプルスリー

複合修正波の項目参照。

# ナ行

## ◎波の均等性（Wave Equality）
　インパルスの１波、３波、５波のいずれか２つが大きさ的にも時間的にも同程度になりやすいという習性。特に、１波、３波、５波のいずれかひとつの波が延長すると、残りの２つの波は均等化しやすい。典型的には、３波が延長して、１波と５波が均等化するというパターン。

## ◎波の個性（Wave Personality）
　１波、２波、３波、４波、５波、Ａ波、Ｂ波、Ｃ波、Ｄ波、Ｅ波など、それぞれの波ごとに、値動き、出来高、投資家の心理や行動といった面において一般的によく見られる性質があると言われている。検討している波がどの波であるのかを判断する一助になる。


# ハ行

## ◎Ｂ－Ｄライン
　トライアングルのＢ波終点とＤ波終点を結んだトレンドライン。

## ◎比率関係のガイドライン
　インパルスの１波、３波、５波の大きさがお互いに 0.618 倍や 1.618 倍などのフィボナッチ比率の関係になりやすいという習性をはじめ、波動の比率に関係する習性を説明したガイドライン。

## ◎フィボナッチ数、フィボナッチ比率
　フィボナッチ数はフィボナッチ数列に現れる数。

フィボナッチ比率とはフィボナッチ数同士の比率のこと。数列が進んでいくと隣同士の比率は0.618あるいは1.618に近い数になる。これらが代表的なフィボナッチ比率と言われるもの。

フィボナッチ数列というのは、1、1からスタートして、隣り合う2つの項を加算して次の項を作るというルールによる数列で、具体的には1、1、2、3、5、8、13、21、34……という数列。

## ◎フェイラー（Failure）

トランケーション(Truncation)とも言い、インパルスの5波が3波終点を超えられないという現象。3波が急激で大きな動きになると、5波はフェイラーしやすくなる。

また、その他の波形を形成するプロセスにおいても、本来超えるべきポイントを株価が超えられないで終わってしまう現象が起きることがあり、本書ではそうした状況を表すのにもフェイラーという用語を使った。

## ◎複合修正波（Combination）

修正波の一種であり、X波というつなぎの波を介して修正波が2個あるいは3個連結した形。

修正波が横向きにつながった横向きの複合修正波と、斜めに上昇方向、あるいは下落方向につながった急こう配な複合修正波の2種類がある。

横向きの複合修正波はX波を介して2つの修正波が連結したものをダブルスリー、2つのX波を介して3つの修正波を連結したものをトリプルスリーという。価格修正は最初のアクション波であるW波で終了し、後は横ばいの修正が続く形となる。

急こう配の複合修正波はX波を介してジグザグが2つ連結したダブルジグザグ、2つのX波を介してジグザグが3つ連結したトリプルジ

グザグがある。ひとつ目のジグザグよりも２つ目のジグザグ、２つ目のジグザグより３つ目のジグザグというように価格修正が進んでいく形になり、横ばいというよりも斜めに進む形となる。

## ◎副次波（Subwave）

　どんな波動でも、より小さな波が３つか５つかそれ以上連結する形で構成されている。このように、ひとつの波を構成するひと回り小さな波のことを副次波という。

　副次波もまたさらに一回り小さな副次波から構成されている。どんな波もいくつかの副次波によって構成されているし、どんな波も何かの波の副次波になっている。

## ◎プライマリー波

　43ページ「波の階層一覧表」参照。

## ◎フラット（Flat）

　修正波の一種であり、３－３－５（修正波－修正波－推進波）という構成。Ｂ波終点はＡ波の始点近辺まで動き、Ｃ波終点はＡ波終点を少し超えるところまで戻る、というのが基本形。この基本形をレギュラーフラットともいう。

　レギュラーフラットのＣ波が巨大化して延長のような形になり、Ｃ波終点がＡ波終点を大きく超えることがあり、この形をＣ波巨大化フラットという。

　また、Ｂ波終点がＡ波始点を超えて、Ｃ波終点がＡ波終点を超えるという形になり、波の大きさがＡ波＜Ｂ波＜Ｃ波となる形を拡大型フラット（エクスパンデッドフラット）という。

　さらに、Ｂ波まで拡大型フラットと同じで、Ｃ波終点がＡ波終点を超えられずに終わる形をランニングフラットという。

397

# マ行、ヤ行、ラ行

## ◎マイクロ波、マイナー波、マイニュート波、ミニュエット波、ミニスキュール波

43 ページ「波の階層一覧表」参照。

## ◎横ばいの修正波 (Sideways Corrective Waves)

時間調整（時間的修正）を主とする修正波。最初の波（A波やW波）で価格修正を終えて、その後は一段の価格修正を伴わず（あるいは、あまり大きな価格修正の更新を伴わず）横ばいの形になる修正波。一般的にはフラット、トライアングル、ダブルスリー、トリプルスリーなどが該当する。

ただし、フラットの中でもC波巨大化フラットはC波でかなり大きな価格修正になるので、これは横ばいの修正波とは言えない。さらに、拡大型フラットも最後のC波でかなり大きな価格修正になるので、これも横ばいの修正波とは言えない。

## ◎ランニングトライアングル

トライアングルの項参照。

## ◎ランニングフラット

フラットの項参照。

## ◎リアクション波

アクション波の項参照。

## ◎リーディングダイアゴナル

ダイアゴナルの項参照。

## ◎リトレースメント (Retracement)

価格修正のこと。

## ◎ルール（Rule)

波動判定上、ほぼ守られなければならない原則。以下のインパルスに関する3原則は、その代表例。

①2波は1波の始点を割り込まない

②1波、3波、5波の中で3波が一番小さくなることはない

③4波は1波と重ならない

## ◎レギュラーフラット

フラットの項参照。

# あとがき

　小泉さんと本稿の執筆活動を始めて早くも 1 年半が過ぎようとしています。当初は「エリオット波動に関する知識をただまとめればいい」という程度の軽い気持ちでしたが、いざ、文章にするという段階になって小泉さんから細かい質問を受けるようになると、自分がいくつもの曖昧な解釈を抱えたままであることを認識させられました。そのたびに、原書を精読し、保存してある大量のチャートカウントを見直して、ひとつひとつをクリアにしていく作業が必要でした。そうした作業の繰り返しが自分のエリオット波動に関する理解をさらに明瞭なものにしていったことは言うまでもありません。

　それでもなお、釈然としない部分はいくつもあります。例えば、複合修正波のW波の c 波がダイアゴナルになる可能性はまったくないのか、また、波と波の大きさが本当にフィボナッチ比率になるのかどうかといったことです。そのほかにも、プレクターの理論によるルールではうまくカウントできない場面に遭遇することがあり、深く考え込むこともあります。

　エリオット波動理論は、それがエリオット自身によるものであれ、ボルトンによるものであれ、プレクターによるものであれ、あくまで仮説であることには変わりありません。日々、チャートをカウントしていると、そうした仮説を覆したくなる衝動に駆られることもあります。しかし、エリオット波動理論というのは、先人たちが体系化して確立してきたルールやガイドラインにほかならないというのも事実なのです。それを無視した恣意的なカウントはもはやエリオット波動理論によるカウントとは言えないでしょう。

　本稿では、可能な限り正統と思えるエリオット波動理論に忠実な見解を述べています。しかし、わたし個人として満足のいく検証ができ

ていない部分に関しては、ところどころで、プレクターはこう言っているという書き方をして暗に疑問を呈していたりもします。

　マーケットの世界では、「目的は儲けることであり、予想を当てることではない」という言葉をよく耳にします。そうした観点からは、わたしが日々していることはまったくの邪道と言われても仕方ありません。わたし自身個人トレーダーですが、少なくともこの３年間はトレードによる利益より、正しくカウントができているか、また、エリオット波動理論通りのチャートになっているかどうかという点ばかりを気にしながら一日中チャートを眺めてきました。

　ところが、そんなわたしの「趣味」に共感してくださる方もいらっしゃって、次第にいろいろな勉強会に呼ばれてエリオット波動のカウントを披露させていただくようになり、証券会社やファンドの方からお問い合わせいただくようにもなってきました。

　また、わたしが主催したエリオット波動の勉強会には、全国から多くの方にお集まりいただき、2017 年１月には第一回エリオット波動学会も開催することができました。そして、その中の熱心なエリオティシャンらと一般社団法人日本エリオット波動研究所を日本橋蛎殻町に創設する運びにもなり、一日中チャートばかり眺める日々が正当化されようとしています。

　残念ながら、ネットには間違ったエリオット波動に関する情報が溢れています。エリオット波動に関する正確な日本語のテキストが存在しないに等しい現状では、どれが正しくて、どれが間違っているのかを判断するのは容易なことではありません。本稿では、正確さを第一に心がけ、慎重に言葉を選んでエリオット波動理論を解説しているつもりです。もしも誤っていると思われる箇所があったら、原書と照合してご確認ください。それでもやはりおかしいと思われる場合は、ご

指摘いただければそれを真摯に受け止め、必ず検証して、ウェブサイトを通じてご報告いたします。

　エリオット波動理論が仮説である以上、その理論を使ってトレードする前に理論の正しさを検証しなくてはいけません。日本エリオット波動研究所では、確認できるあらゆるディグリーの波動についての数値データの収集を行っています。その作業量は莫大なため、波動の比率関係の検証だけでも数年単位の時間がかかると思われます。それでも必ずや検証を終え、理論の修正や発展に寄与したいと考えています。

　それができるまでは、「3波は1波の1.618倍になる」などと無責任には言いません。今はただ「プレクターはそう言っています」としか申し上げられません。

　このように理論咀嚼の途上で本稿のような書籍を著作することになったことに関しては誠におこがましいことであると自認しており恐縮する次第です。しかし、同時にこれを通して、エリオット波動に興味をお持ちのトレーダーの方が少しでも正しい理論を身につけていただけることを願って止みません。


　本稿の著作にあたりましては、そのきっかけを与えてくださり最後まで度重なる訂正にお付き合いいただいた小泉さん、出版を快く引き受けていただいたパンローリングの後藤さんと編集の磯崎さんに深く謝意を表します。また、エリオット波動によるマーケット分析の発表の場を数多く与えてくださった国際テクニカルアナリスト連盟元理事長の岡本博先生はじめ多くの先生方、エリオット波動の研究に多大な時間を割いてくれている研究所のメンバー、一日中チャートばかり見ている夫への理解を示してくれる妻、そしてエリオット波動を愛するすべてのトレーダーに心から御礼申し上げます。


2017年6月　有川　和幸

## 著者紹介：一般社団法人日本エリオット波動研究所

　エリオット波動に関する研究を目的として 2017 年 1 月に設立。エリオット波動理論による波動分析やトレード手法の研究をしている。最新の研究成果やカウントの発表などは公式サイト（http://jewri.org）にて。

執筆担当
有川和幸　一般社団法人日本エリオット波動研究所代表理事
小泉秀希　一般社団法人日本エリオット波動研究所理事

| | |
|---|---|
| 2017 年 8 月 3 日 | 初版第 1 刷発行 |
| 2018 年 3 月 1 日 | 第 2 刷発行 |
| 2018 年 7 月 2 日 | 第 3 刷発行 |
| 2019 年 1 月 3 日 | 第 4 刷発行 |
| 2019 年 6 月 4 日 | 第 5 刷発行 |
| 2020 年 6 月 3 日 | 第 6 刷発行 |
| 2021 年 7 月 3 日 | 第 7 刷発行 |

### あなたのトレード判断能力を大幅に鍛えるエリオット波動研究
──基礎からトレード戦略まで網羅したエリオット波動の教科書

| | |
|---|---|
| 著　者 | 一般社団法人日本エリオット波動研究所 |
| 発行者 | 後藤康徳 |
| 発行所 | パンローリング株式会社 |
| | 〒 160-0023　東京都新宿区西新宿 7-9-18-6F |
| | TEL 03-5386-7391　FAX 03-5386-7393 |
| | http://www.panrolling.com |
| | E-mail　info@panrolling.com |
| 装　丁 | パンローリング装丁室 |
| 組　版 | パンローリング制作室 |
| 印刷・製本 | 株式会社シナノ |

ISBN978-4-7759-9152-7
落丁・乱丁本はお取り替えします。
また、本書の全部、または一部を複写・複製・転訳載、および磁気・光記録媒体に入力することなどは、著作権法上の例外を除き禁じられています。
【免責事項】
この本で紹介している方法や技術、指標が利益を生む、あるいは損失につながることはない、と仮定してはなりません。過去の結果は必ずしも将来の結果を示したものではありません。この本の実例は教育的な目的のみで用いられるものであり、売買の注文を勧めるものではありません。

本文 ⓒ Japan Elliott Wave Research Institute　図表 ⓒ Pan Rolling　2017 Printed in Japan

# 株式関連書籍

## 矢口新の相場力アップドリル 株式編
著者：矢口新

定価 本体1,800円+税　ISBN:9784775990131

実需には量的な制限が、仮需には時間的な制限がある。自分で材料を判断し、相場観を組み立て売買につなげることができるようになる。

**為替編**　定価 本体1,500円+税　ISBN:9784775990124

## 矢口新のトレードセンス養成ドリル Lesson 1
著者：矢口新

定価 本体1,500円+税　ISBN:9784775990643

相場の"基礎体力"を養うためのドリルです。基礎体力がしっかりしていれば、相場環境に右往左往することなく、上手に立ち回れます。

**Lesson2**　定価 本体1,500円+税　ISBN:9784775990780

## 5段階で評価するテクニカル指標の成績表
著者：矢口新

定価 本体1,800円+税　ISBN:9784775990926

相場のタイミングを知るにはテクニカル指標が必要だ。それも、"使える"テクニカル指標が必要なのだ。著者が考案したテクニカル指標も本邦初公開。

## 超・株式投資 賢者のためのオプション取引
著者：KAPPA

定価 本体2,000円+税　ISBN:9784775991299

もし、あなたが株式投資の天才でないのなら、普通の株式投資は捨てましょう。その代わり、高機能な戦略を可能にする「オプション取引」で利益を出しましょう。

# 株式関連書籍

**稼げる投資家になるための投資の正しい考え方**
著者：上総介（かずさのすけ）

定価 本体1,500円+税　ISBN:9784775991237

投資の基本原則とは何か。陥りやすい失敗とは何か。攻撃するときの考え方とは何かなど、本書では、全6章30話からなる投資の正しい考え方を紹介しています。

**投資家心理を読み切る板読みデイトレード術**
著者：けむ。

定価 本体2,800円+税　ISBN:9784775990964

板読み＝心理読み！の視点に立って、板の読み方や考え方だけではなく、もっと根本的な部分にあたる「負ける人の思考法」「勝つための思考法」についても前半部分で詳説。

**生涯現役の株式トレード技術【生涯現役のための海図編】**
著者：優利加

定価 本体2,800円+税　ISBN:9784775990285

数パーセントから5％の利益を、1週間から2週間以内に着実に取りながら"生涯現役"を貫き通す。そのためにすべきこと、決まっていますか？わかりますか？

**「敵」と「自分」を正しく知れば1勝1敗でも儲かる株式投資**
著者：角山智

定価 本体1,500円+税　ISBN:9784775991398

己を知らずに良い手法を使っても、効果は一時的なものになるでしょう。でも、自分の弱みを理解し、己に打ち勝つことができれば、継続的に手法の効果を実感できるでしょう。

# ＦＸ関連書籍

**FXで勝つための資金管理の技術**
勝てない原因はトレード手法ではなかった
著者：伊藤彰洋、鹿子木健

定価 本体1,800円＋税　ISBN:9784775991701

「聖杯」のような絶対に勝てる手法はこの世に存在しませんが、あえて言うなら資金管理こそ聖杯です。この機会に、資金管理という技術を究めてはいかがでしょうか？

**FXで成功するための「勝ちパターン」理論**
勝てない原因はトレード手法ではなかった
著者：鹿子木健、伊藤彰洋

定価 本体1,800円＋税　ISBN:9784775991749

勝てない原因はトレード手法ではなかった。ボリンジャーバンドを使った、すぐに真似できる2つのトレード奥義を伝授。

**三位一体のFXトレード理論**
著者：坂井秀人

定価 本体1,800円＋税　ISBN:9784775991534

手法の発見、手法の証明、手法の稼働。この3つの一連の作業がトレードである。あなたが「発見」し、「稼働」させている手法は、正しいと「証明」されているか？

**IQ162のMENSA会員が教えるFX自動売買の基礎と実践**
著者：Trader Kaibe

定価 本体2,000円＋税　ISBN:9784775991770

「裁量トレードに限界を感じたから、自動売買を始めたいけれど、プログラムなんて書けない」という方へ。市販のEA（自動売買プログラム）の選び方や組み合わせ方の基本的な考えを教えます。ロビンスカップ準優勝のロジックも使えます。

## 関連書籍

ウィザードブックシリーズ 271
図解 エリオット波動トレード
著者：ウェイン・ゴーマン、ジェフリー・ケネディ

定価 本体2,800円+税　ISBN：9784775972410

エリオット波動実践家のトレード経験をわかりやすく解説。トレードの機会と評価、仕掛けと手仕舞い、資産を守る損切りをどこにおくべきかがわかる、波動理論の実践的な使い方ガイドブック。『エリオット波動入門』著者のロバート・プレクターJr.が序文を寄せている。

ウィザードブックシリーズ 156
エリオット波動入門
著者：ロバート・R・プレクター・ジュニア、A・J・フロスト

定価 本体5,800円+税　ISBN：9784775971239

この新版でも初版本と同じように将来の株価予想に関するすべての内容をそのまま盛り込んでいるので、新たに本書を手にする読者でもフロストとプレクターが数十年も前に行った株式相場の長期予想に関する正しさと誤りを確認できるだろう。

---

**ウィザードブックシリーズ 278**
### ワイルダーのアダムセオリー
J・ウエルズ・ワイルダー・ジュニア【著】
定価 本体3,800円+税　ISBN：9784775972472

ワイルダーが100万ドルで購入した「アダムセオリー」の解説書。その基本はトレンドフォロー戦略と再帰理論でいかなる時間枠にも適用できる。トレンドに乗る銘柄発掘のヒント、売買ポイントや増し玉も掲載。

**ウィザードブックシリーズ 286**
### フルタイムトレーダー 完全マニュアル【第3版】
ジョン・F・カーター【著】
定価 本体5,800円+税　ISBN：9784775972557

ロングセラーの新版。前著から約10年間のうちに起こったさまざまなマーケットの新しい動きに対応し、新時代でもトレードで経済的自立を確立できる手法をステップ・バイ・ステップで分かりやすく解説。

**ウィザードブックシリーズ 108**
### 高勝率トレード学のススメ
マーセル・リンク【著】
定価 本体5,800円+税　ISBN：9784775970744

高確率な押し・戻り売買と正しくオシレーターを使って、運やツキでなく、将来も勝てるトレーダーになる！過酷なトレーディングの世界で勝つためのプログラムを詳しく解説。

**ウィザードブックシリーズ 205**
### 続高勝率トレード学のススメ
マーセル・リンク【著】
定価 本体5,800円+税　ISBN：9784775971727

本書を手引きにすれば、適切なトレードの実行に何が必要かがたちどころに明らかになり、その実行過程で資金管理やトレードのルール、ポジション管理がいかに重要な役割を果たしているかが学べるだろう。

# イメージ先行のエリオット波動の基本要素や誤解などを3巻に分けて徹底解説。

## 講師からのメッセージ

エリオット波動について巷にあふれる数多の解説・情報がイメージ先行になっているのが実状です。

例えば、右下の図で"波動の大きさ"は何番だと思いますか？ ①は価格（または変化率）、③は時間、②はチャートで表されるように価格と時間のベクトルが合致した点です。

エリオット波動では、時間はあまり重要としてはいません。つまりエリオット波動的には、「波動の大きさは①」を指します。②の長さを波動の大きさと思われている方も多いのではないでしょうか。

本DVDシリーズは、エリオット波動の基礎的解説だけで3巻で構成されています。ご覧になった方は「細かすぎる」と思われるかもしれません。ですが正しい理解ができなければ、エリオット波動を正しく生かすことができないと考えているからです。その正しい理解のために、事例やチャートを使って細かく解説しています。

皆さんもぜひ、感覚的にエリオット波動をカウントするのではなく、正しいルールにそって、客観的に判断できる知識を身につけてください。

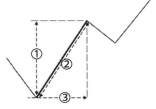

## 【DVD】エリオット波動原理の基本
### 波動原理の概念と波形認識　　講師：有川和幸

| | 第1巻 | 第2巻 | 第3巻 |
|---|---|---|---|
| 内容 | フラクタル構造の基本と「インパルス」 | 推進波「ダイアゴナル」 | 修正波と複合修正波 |
| 商品情報 | DVD 100分<br>ISBN 9784775965344 | DVD 66分<br>ISBN 9784775965368 | DVD 103分<br>ISBN 9784775965375 |

各定価 本体3,800円＋税